Marco Pauls Reisen und Reisen nach Vermont

Jacob Abbott

Writat

Diese Ausgabe erschien im Jahr 2024

ISBN: 9789359948522

Herausgegeben von
Writat
E-Mail: info@writat.com

Inhalt

VORWORT.

Der Entwurf der Bandreihe mit dem Titel „ MARCO PAULS ABENTEUER AUF DER SUCHE NACH WISSEN" besteht nicht nur darin, den Leser mit einer Erzählung jugendlicher Abenteuer zu unterhalten, sondern im Zusammenhang damit auch möglichst umfangreiche und vielfältige Informationen zu vermitteln. in Bezug auf die Geographie, die Landschaft, die Bräuche und die Institutionen dieses Landes, wie sie sich der Beobachtung des kleinen Reisenden präsentieren, der seine Ausflüge unter der Führung eines intelligenten und gut informierten Begleiters unternimmt, der qualifiziert ist, ihn zu unterstützen beim Wissenserwerb und bei der Charakterbildung. Der Autor hat sich bemüht, seine Erzählung zu beleben und ihr Elemente eines heilsamen moralischen Einflusses zu verleihen, und zwar durch persönliche Ereignisse, die den Schauspielern in der Geschichte widerfahren sind. Diese Vorfälle sind natürlich imaginär – aber der Leser kann sich auf die strikte und genaue Wahrheit und Treue aller Beschreibungen von Orten, Institutionen und Szenen verlassen, die ihm im Verlauf der Erzählung vor Augen geführt werden. Obwohl der Autor hofft, dass die Leser, die diese Bände durchlesen, sie amüsieren und interessieren, wird sein Ziel durchweg darin bestehen, zu belehren und nicht zu unterhalten.

Kapitel I.

Unterwegs.

Als Mr. Baron, Marcos Vater, Marco in die Obhut seines Cousins Forester übergab, war es seine Absicht, dass er einen beträchtlichen Teil seiner Zeit mit Reisen und Outdoor-Übungen verbringen sollte, wie sie sich vielleicht wieder etablieren würden seine Gesundheit und stärkt seine Konstitution. Er hatte jedoch nicht die Absicht, ihn dazu zu bringen, das Studium der Bücher ganz aufzugeben. Dementsprechend blieb Marco einmal fast drei Monate lang bei Forester zu Hause in den Green Mountains von Vermont, wo er jeden Tag mehrere Stunden lernte.

Es war im Frühherbst, als er und Forester nach Vermont fuhren. Sie reisten in der Postkutsche. Vermont liegt auf der einen Seite des Connecticut River und New Hampshire auf der anderen Seite. Die Green Mountains erstrecken sich von Norden nach Süden durch die Mitte von Vermont, und jenseits dieser Berge liegt auf der Westseite des Staates der Lake Champlain , der sich ebenfalls von Norden nach Süden erstreckt und die westliche Grenze bildet. Somit teilen die Green Mountains den Staat in zwei große Teile, von denen einer nach Osten in Richtung Connecticut River abfällt und der andere nach Westen in Richtung Lake Champlain . Es gibt daher zwei gute Möglichkeiten, Vermont aus den südlich davon gelegenen Bundesstaaten zu erreichen; einer entlang des Connecticut River auf der Ostseite und der andere entlang der Ufer des Lake George und des Lake Champlain auf der Westseite. Es gibt auch Straßen durch die Green Mountains, die vom östlichen Teil des Staates in den Westen führen. All dies kann auf jeder Karte von Vermont gesehen werden.

Marco und Forester gingen den Connecticut River hinauf. Die Straße führte am Ufer des Flusses entlang und die Landschaft war sehr angenehm. Sie reisten in der Postkutsche; denn damals gab es nur sehr wenige Eisenbahnen.

Das Land war kultiviert und fruchtbar, und die Aussicht aus den Fenstern der Kutsche war sehr schön. Manchmal erstreckten sich weite Wiesen und Zwischenräume entlang des Flusses, und an anderen Stellen zogen sich hohe, mit Bäumen bedeckte Hügel dicht an den Bach heran. Sie konnten auch die Bauernhöfe, Dörfer und grünen Hügel auf der anderen Seite des Flusses auf der New Hampshire-Seite sehen.

Am zweiten Tag ihrer Reise verließen sie den Fluss auf einer Straße, die ins Landesinnere führte; denn das Dorf, in dem Foresters Vater wohnte, lag mitten in den Bergen. Auch an diesem zweiten Tag hatten sie neue Begleiter im Bus und eine neue Route; denn die Gesellschaft, die am Vortag in der

Kutsche gesessen hatte, sollte sich am Morgen trennen und in verschiedene Richtungen aufbrechen. Am Morgen, gleich nach dem Frühstück, fuhren mehrere Postkutschen vor die Tür der Taverne, auf deren Seiten die Namen der Orte standen, wohin sie wollten. Eines trug die Aufschrift „Haverhill and Lancaster"; ein anderer: „Middlebury"; und ein dritter: „Concord und Boston"; und es gab ein seltsam aussehendes Fahrzeug, eine Art Tragetasche, vorne offen und von zwei Pferden gezogen, auf dem kein Name stand, und deshalb konnte Marco nicht sagen, wohin es fuhr. Als diese verschiedenen Kutschen und Kutschen vor die Tür fuhren, beluden die Knechte und Kutscher das Gepäck, banden es mit großen Riemen fest und übergaben dann die Passagiere – und so fuhren die Kutschen einer nach dem anderen davon. Die ganze Bewegung bildete eine sehr geschäftige Szene, und Marco, der auf der Piazza vor der Taverne stand, genoss es sehr.

Vor der Tür stand eine sehr große Ulme, auf der man Stufen erklimmen konnte und in deren Zweigen Sitzgelegenheiten standen. Marco ging dort hinauf und saß einige Zeit da und schaute auf die Kutschen herab, die um den Baum herumfuhren, als sie zur Tür kamen. Dann ging er wieder hinunter zur Piazza.

Die Große Ulme

Neben ihm stand eine ordentlich gekleidete junge Frau mit einem kleinen Blumentopf in der Hand und wartete darauf, dass sie an die Reihe kam. In ihrem Blumentopf stand ein kleiner Orangenbaum. Es war etwa sechs Zoll hoch. Der Anblick dieses Orangenbaums interessierte Marco sehr, denn er erinnerte ihn an die Heimat. Er hatte oft Orangenbäume in den Salons und Gewächshäusern New Yorks wachsen sehen.

„Was für ein hübscher kleiner Orangenbaum!" sagte Marco. "Wo hast du es bekommen?"

„Woher wussten Sie, dass es ein Orangenbaum war?" sagte das Mädchen.

„ Oh , ich kenne einen Orangenbaum gut genug", antwortete Marco. „Ich habe sie schon oft gesehen."

"Wo?" fragte das Mädchen.

„In New York", sagte Marco. „Kommt Ihr Orangenbaum aus New York?"

„Nein", sagte das Mädchen. „Ich habe einen Orangensamen gepflanzt, und daraus ist er gewachsen. Ich habe auch einen Zitronenbaum", fügte sie hinzu, „aber er ist viel größer. Der Zitronenbaum wächst schneller als die Orange. Meine Zitrone." „Der Baum ist so groß, dass ich ihn nicht so gut nach Hause bringen konnte, also habe ich ihn in der Mühle gelassen."

„In der Mühle?" sagte Marco. „Sind Sie Müller?"

Das Mädchen lachte. Sie war ein sehr gut gelauntes Mädchen und schien nicht unzufrieden zu sein, obwohl es für Marco sicherlich nicht ganz angemessen war, auf diese Weise mit einem Fremden zu sprechen. Sie antwortete jedoch nicht auf seine Frage, sondern sagte nach einer Pause:

„Wissen Sie, wo die Montpelier-Bühne ist?"

Die eigentliche englische Bedeutung des Wortes „ *Etappe*" ist ein *Teil der Straße* , der zwischen einem Rastplatz und einem anderen zurückgelegt wird. Aber in den Vereinigten Staaten bedeutet es „ carriage" – eine Art Abkürzung für „*stage-coach*".

„Nein", sagte Marco, „ *wir* sind in dieser Phase."

„Ich wünschte, es würde mitkommen", sagte das Mädchen, „denn ich habe es satt, auf meinen Koffer zu achten."

„Wo ist dein Koffer?" sagte Marco.

Also zeigte das Mädchen auf ihren Koffer. Es befand sich auf der Plattform der Piazza, in der Nähe derjenigen, die Forester und Marco gehörten. Das Mädchen zeigte Marco ihren Namen, der auf einer Karte am Ende der Karte stand: Mary Williams.

„Ich passe auf deinen Koffer auf", sagte Marco, „und du kannst hineingehen und dich hinsetzen, bis die Bühne kommt."

Mary bedankte sich bei ihm und ging hinein. Sie war jedoch nicht ganz sicher, ob ihr Gepäck sicher war, da es so der Obhut eines fremden Jungen anvertraut wurde , und so setzte sie sich ans Fenster, wo sie es im Auge behalten konnte. Neben diesen Truhen stand eine blaue Truhe, die wie eine Matrosentruhe aussah, und Marco, der das Stehen satt hatte, setzte sich auf diese Truhe. Kaum hatte er jedoch Platz genommen, sah er eine Kutsche mit vier Pferden um die Ecke kommen. Es wurde von einem kleinen Jungen gefahren, der nicht größer als Marco war. Es rollte zur Tür und blieb stehen. Einige Männer legten dem Seemann dann die Brust und die Badehose an. Mary Williams kam heraus und stieg in die Kutsche. Sie saß auf dem Rücksitz. Forester und Marco stiegen ein und nahmen auf dem Mittelsitz Platz. Ein junger Mann, gekleidet wie ein Matrose, nahm den Vordersitz in einer Ecke der Kutsche ein. Das waren alle Passagiere, die hier einsteigen sollten. Als alles fertig war, fuhren sie weg.

Die Bühne hielt jedoch nach wenigen Minuten an der Tür eines hübschen Hauses in der Stadt und nahm einen Herrn und eine Dame auf. Diese neuen Passagiere nahmen zusammen mit Mary Williams auf dem Rücksitz Platz.

Dieses Unternehmen trieb eine Zeit lang in völliger Stille. Forester holte ein Buch heraus und begann zu lesen. Der Herr auf dem Rücksitz schlief ein. Mary Williams und Marco schauten aus den Fenstern und beobachteten die sich verändernde Landschaft. Der Seemann ritt schweigend; hin und wieder bewegte er seine Lippen, als würde er mit sich selbst reden, ohne auf die Gesellschaft zu achten. Die Busse hielten in den Dörfern, durch die sie fuhren, um die Post auszutauschen und manchmal neue Passagiere aufzunehmen. Im Zuge dieser Veränderungen bekam Marco seinen Platz auf den vorderen Sitz neben dem Matrosen verlagert und kam nach und nach mit ihm ins Gespräch. Marco leitete das Gespräch ein, indem er den Seemann fragte, ob er wisse, wie weit es bis Montpelier sei.

„Nein", sagte der Seemann, „ich rechne nicht, aber ich wünschte, wir wären dort."

"Warum?" fragte Marco.

„ Oh , ich gehe davon aus, dass der alte Karren irgendwo zwischen diesen Bergen kentern und uns das Genick brechen wird."

Den ganzen Morgen über hatte Marco beobachtet, dass der Matrose jedes Mal zusammenzuckte, wenn die Kutsche wegen der Unebenheiten der Straße auf die eine oder andere Seite kippte, und ein ängstliches Gesicht machte, als fürchtete er, dass er umkippen könnte. Er wunderte sich, dass ein Mann, der offenbar an die schrecklichen Gefahren der Meere gewöhnt war, durch die sanften Schwingungen einer Postkutsche beunruhigt sein sollte.

„Haben Sie Angst, dass wir uns aufregen?" fragte Marco.

„Ja", sagte der Seemann, „über einige dieser Abgründe und Berge; und dann werden wir ein Ende haben."

Der Seemann sagte dies in einer lockeren und nachlässigen Art, als ob ihn die Gefahr schließlich nicht allzu sehr beunruhigte. Trotzdem war Marco überrascht, dass er überhaupt Angst davor haben sollte. Er war sich nicht bewusst, wie sehr die Ängste, die die Menschen empfinden, durch die bloße Neuheit der Gefahr, die sie eingehen, hervorgerufen werden. Ein Bühnenfahrer, der in dunkler Nacht und auf gefährlichen Straßen ruhig und gefasst auf seinem Bock sitzt, wird durch das Schwanken eines Schiffes unter einer sanften Brise auf dem Meer beunruhigt sein – während der Seemann über einen Sturm lacht Wind auf dem Meer, hat Angst, in einer Kutsche an Land zu fahren.

„ Bist du kein Seemann?" fragte Marco.

„Ja", antwortete sein Begleiter.

„Ich glaube nicht, dass ein Mann, der an das Meer gewöhnt ist, Angst haben würde, in einer Kutsche umzukippen."

„Ich bin kein *Mann* ", sagte der Seemann.

"Was bist du?" sagte Marco.

„Ich bin ein Junge. Ich bin erst neunzehn Jahre alt; auf der nächsten Reise werde ich allerdings zum Seemann befördert."

„Sind Sie gerade von einer Reise zurückgekommen?" fragte Marco.

„Ja", sagte der Matrose. „Ich bin mit einem Walfänger vom alten Nantuck aus um das Horn herumgekommen . Und jetzt fahre ich nach Hause, um meine Mutter zu sehen."

„Wie lange ist es her, seit du sie gesehen hast?" fragte Marco.

„ Oh , es ist vier Jahre her, seit ich weggelaufen bin."

Hier begann der Matrose etwas leiser zu sprechen als zuvor, so dass Marco nur noch hören konnte. Dies war nicht schwierig, da die anderen Passagiere zu diesem Zeitpunkt in Gespräche vertieft waren.

„Ich bin weggelaufen", fuhr der Seemann fort, „und bin vor etwa vier Jahren zur See gegangen."

„Warum bist du weggelaufen?" fragte Marco.

„ Oh , ich wollte nicht zu Hause bleiben und misshandelt werden. Mein Vater hat mich immer misshandelt, aber meine Mutter hat meinen Teil übernommen, und jetzt möchte ich gehen und sie sehen."

„Und deinen Vater auch zu sehen", sagte Marco.

„Nein", sagte der Matrose. „Ich mag ihn nicht. Ich hoffe, er ist irgendwohin gegangen. Aber ich möchte meine Mutter sehen. Ich habe einen Schal für sie in meiner Brust."

Marco war schockiert, als er hörte, wie ein junger Mann so über seinen Vater sprach. Dennoch lag etwas in der Offenheit und Offenheit des Seemanns, das ihm sehr gefiel. Auch seine seltsame, seemannsartige Sprache hörte er gern und so begann er ein langes Gespräch mit ihm. Der Seemann berichtete ihm von seinen Abenteuern auf der Reise; wie er eines Tages mehrere Meilen von einem Wal, den sie harpuniert hatten, vom Schiff weggezogen wurde ; — wie sie einen Hai fingen und ihn mit Hilfe einer Rolle am Ende der Rahe an Deck zogen; — und wie das Schiff auf der Heimreise fünf Tage lang von einem schrecklichen Sturm unter nackten Masten getrieben wurde, während die See die ganze Zeit über tosend tosete. Diese Beschreibungen regten Marcos Fantasie stark an. Seine Augen leuchteten auf, und er wurde unruhig auf seinem Sitz und dachte, er würde der Welt eine Chance geben, im Bug eines Bootes zu stehen und einem Wal eine Harpune in den Hals zu jagen.

Mittlerweile neigte sich der Tag dem Ende zu und die Straße führte in ein immer bergigeres Land. Die Hügel waren länger und steiler und die Waldstücke häufiger und einsamer. Auch die Zahl der Passagiere nahm zu, bis der Bus ziemlich stark beladen war; und manchmal stiegen alle außer den weiblichen Passagieren aus und gingen die Hügel hinauf. Bei diesen Gelegenheiten gingen Forester und Marco im Allgemeinen zusammen spazieren und unterhielten sich über die Ereignisse ihrer Reise oder die Beschäftigungen und Vergnügungen, denen sie nach ihrer Ankunft bei Forester nachgehen wollten. Ungefähr in der Mitte des Nachmittags hielt der Bus am Fuße eines langen, kurvenreichen Anstiegs, der steil und steinig war, und mehrere Passagiere stiegen aus. Forester blieb jedoch zu Hause, da er das Gehen satt hatte, und so gingen Marco und der Seemann zusammen. Der Seemann bemerkte, wie sehr Marco sich für seine Geschichten interessierte, mochte seine Gesellschaft und fragte Marco schließlich, wohin er fahre. Marco sagte es ihm.

„Ah, wenn du nur mit mir auf eine Reise gehen würdest", sagte der Seemann, „das würde einen Mann aus dir machen. Ich würde nicht mit diesem alten Idioten eingesperrt sein und für immer in Büchern brüten."

Marco war unzufrieden, als der Seemann seinen Cousin einen alten Idioten nannte, und er hatte Gewissensbisse, eine intime Beziehung zu solch einer

Person aufzubauen und aufrechtzuerhalten. Dennoch war er so sehr daran interessiert, ihm reden zuzuhören, dass er mit ihm weiter den Hügel hinaufging. Schließlich schlug ihm der Seemann vor, wegzulaufen und mit ihm zur See zu fahren.

„O nein", sagte Marco, „um nichts in der Welt würde ich so etwas tun. Außerdem", sagte er, „wären sie hinter uns her und würden mich zurücktragen."

„Nein", sagte der Seemann; „Wir fuhren quer durch das Land, reisten in der Nacht und legten bei Tag an, bis wir zu einer anderen Etappenroute kamen, und machten dann eine gerade Linie, bis wir in New Bedford ankamen, und dort konnten wir eine gute Reise machen. Kommen Sie." „„ sagte er, „lass uns heute Abend gehen. Ich drehe mich um. Es ist mir egal, ob ich meine Mutter sehe."

Obwohl Marco ein sehr mutiger und abenteuerlustiger Junge war, war er dennoch nicht ganz auf einen solchen Vorschlag vorbereitet. Im Verlauf des Gesprächs benutzte der Seemann auch unpassende und gewalttätige Ausdrücke, die Marco nicht gerne hörte; und tatsächlich begann Marco ein wenig Angst vor seiner neuen Bekanntschaft zu haben. Sobald er wieder in der Kutsche war, beschloss er, die ganze Zeit in der Nähe von Forester zu bleiben, um nicht wieder mit dem Matrosen allein zu sein. Er versuchte weiterzueilen, um die Kutsche einzuholen, aber der Matrose sagte ihm, er solle nicht so schnell gehen; und da er ihn nicht beleidigen wollte, musste er langsam vorgehen und bei ihm bleiben; und dadurch das Gespräch in die Länge gezogen.

Der Hügel.

Etwa auf halber Höhe des Hügels gab es eine kleine Taverne, und der Seemann wollte, dass Marco mit ihm hineinginge und etwas trank. Marco glaubte, er meinte einen Schluck Wasser, aber in Wirklichkeit war ein Schluck Spirituosen gemeint. Marco weigerte sich jedoch zu gehen und sagte, er sei nicht durstig; und so gingen sie weiter den Hügel hinauf. Oben auf dem Hügel hielt die Postkutsche an, damit die Fußgänger heraufkamen. Es war auch noch ein anderer Passagier da , der einsteigen konnte – eine Frau, die aus einem nahegelegenen Bauernhaus kam . Der Fahrer fragte den Matrosen, ob er nicht bereit sei, nach draußen zu fahren, um Platz für den neuen Passagier zu schaffen. Aber er würde es nicht tun. Er hatte Angst. Er sagte, er würde für einen Monatslohn nicht fünf Meilen weit draußen fahren. Marco lachte über die Ängste des Seemanns und bat Forester sofort, *ihn* nach draußen fahren zu lassen. Forester zögerte, aber als er aufblickte und sah, dass es einen sicheren Sitz mit einer guten Möglichkeit zum Festhalten gab, stimmte er zu. Also kletterte Marco hinauf und nahm seinen Platz beim

Fahrer ein, während die anderen Passagiere sich wieder auf der Bühne etablierten.

KAPITEL II.

UNFÄLLE.

Marco gefiel sein Sitzplatz außerhalb der Postkutsche sehr. Er konnte das ganze Land um sich herum mit großem Vorteil sehen. Er interessierte sich sehr für die Landschaft, da er nicht daran gewöhnt war, durch Wälder und Berge zu reisen. Der Fahrer war ein rauer junger Mann – denn der Junge, der die Kutsche bis zur Tür fuhr, war kein gewöhnlicher Fahrer. Er war nicht geneigt, viel zu reden, und sein Ton und seine Art, was er sagte, deuteten nicht auf eine sehr sanfte Gesinnung hin. Marco lernte ihn jedoch endlich ein wenig kennen und schlug dem Fahrer schließlich vor, *ihn* fahren zu lassen.

„Unsinn", antwortete er, „Sie sind nicht groß genug, um so ein Team zu leiten."

„Als wir heute Morgen aufbrachen, war da ein Junge, nicht größer als ich, der die Pferde bis zur Tür trieb", antwortete Marco.

„O ja, Jerry", sagte der Fahrer, „aber eines Tages wird er sich das Genick brechen."

„Ich habe aber nicht gesehen, dass er sehr gut gefahren ist", sagte Marco.

Der Fahrer schwieg.

„Komm", beharrte Marco, „lass mich ein Stück fahren, und eines Tages werde ich das auch für dich tun."

„Du kleiner Idiot", sagte der Fahrer, „du kannst nie etwas für mich tun. Du bist nicht groß genug, um überhaupt von Nutzen zu sein."

Marco dachte an die Fabel von der Maus und dem Löwen, aber da sein neuer Begleiter so schlecht gelaunt war, dachte er, er würde ihm nichts mehr sagen. Eine verärgerte Antwort auf den Beinamen „kleiner Narr" kam ihm tatsächlich über die Lippen, aber er unterdrückte sie und sagte nichts.

Für Marco war es ein Glück, dass er dies tat. Denn wann immer jemand etwas Hartes, Ungerechtes oder Grausames gesagt hat, ist die wirksamste Antwort im Allgemeinen Schweigen. Es lässt den Täter über das nachdenken, was er gesagt hat, und das Gewissen wird ihn oft im Stillen tadeln, viel wirkungsvoller, als Worte es könnten. Dies war in diesem Fall der Fall. Während sie schweigend weiterfuhren, hallte das Echo der Worte „kleiner Narr" und der Ton, in dem er sie ausgesprochen hatte, im Ohr des Fahrers nach. Er konnte sich des Gedankens nicht erwehren, dass er seinem kleinen Passagier gegenüber ziemlich hart gewesen war. Dann sagte er:

„Es ist mir aber egal , wir kommen hier ein Stück weiter auf ein ebenes Stück Boden, und dann werde ich sehen, was man aus der Teamarbeit machen kann."

Marco war über dieses unerwartete Ergebnis sehr erfreut und nach zehn oder fünfzehn Minuten erreichten sie das ebene Stück Straße, und der Fahrer legte Marco die Zügel in die Hand. Marco hatte manchmal zwei Pferde gelenkt, wenn er mit seinem Vater in einer Kutsche die Bloomingdale Road in New York hinaufgeritten war . Der Umgang mit Zügeln war ihm daher nicht ganz fremd; und er nahm sie dem Fahrer aus der Hand und ahmte ganz geschickt die Art und Weise nach, sie zu halten, die er beim Fahrer selbst beobachtet hatte.

Tatsächlich brauchten die Pferde sehr wenig Führung. Sie gingen aus eigenem Antrieb sehr leise die Straße entlang. Marco wünschte sich immer wieder, dass ein Wagen oder etwas anderes vorbeikäme, damit er die Genugtuung hätte, herauszukommen. Aber nichts dergleichen erschien, und er musste sich damit begnügen, sich ein wenig zur Seite zu drehen, um einem Stein auszuweichen. Am Ende der ebenen Straße befand sich eine Taverne, in der sie anhalten wollten, um die Pferde zu wechseln, und Marco bat den Kutscher, ihm die Pferde bis zur Tür umstellen zu dürfen. Der Fahrer stimmte zu, behielt aber die ganze Zeit über die Zügel im Auge und war jederzeit bereit, die Zügel wieder in die Hand zu nehmen, wenn es Anzeichen von Schwierigkeiten gegeben hätte. Aber es gab keine. Marco lenkte die Pferde nach rechts, zog mit aller Kraft die Zügel an und brachte sie ordnungsgemäß an die Tür. oder besser gesagt, er schien es zu tun , denn in Wirklichkeit handelten die Pferde wahrscheinlich ebenso aus eigenem Antrieb, da sie es gewohnt waren, an dieser Stelle anzuhalten, als auch aus der Kontrolle heraus, die Marco durch die Zügel über sie ausübte.

Diese Entwicklung hatte jedoch einen Vorteil, denn Marco gewöhnte sich an das Gefühl der Zügel in seiner Hand und erlangte eine Art Vertrauen in seine Macht über die Pferde – freilich größer als es gerechtes Gelände gab für, aber das wurde ein paar Stunden später zu einem sehr wichtigen Bericht, wie in der Fortsetzung zu sehen sein wird.

Der Seemann ging im Laufe des Nachmittags mehrmals unterwegs in die Tavernen, um zu trinken, bis er schließlich teilweise betrunken war. Allerdings fühlte er sich in der Gegenwart der Passagiere im Wagen so zurückhaltend, dass er nicht gesprächig und laut wurde, wie es unter solchen Umständen häufig der Fall ist; war aber eher dumm und schläfrig. Tatsächlich bemerkte niemand, dass sich sein Zustand veränderte, bis der Fahrer schließlich, als er aus der Tür einer Taverne kam, in der er sich noch etwas getrunken hatte, sagte:

„Komm, Jack, du musst jetzt mit mir aufstehen, hier muss noch ein weiterer Passagier reinkommen."

Marco, der immer noch auf seinem Sitz saß und die Zügel der Pferde hielt, schaute nach unten und erwartete, dass der Seemann Einwände gegen diesen Vorschlag erheben würde – aber er stellte im Gegenteil fest, dass Jack, wie sie ihn nannten, draußen nachgab Er machte keine Schwierigkeiten und ließ sich vom Fahrer beim Aufstehen helfen. Der neue Passagier stieg ein. Forester fühlte sich etwas unwohl, als er Marco noch länger oben mitfahren ließ, besonders jetzt, wo auch der Segler hinaufstieg. Aber der Bus war voll. Er selbst war in seinem Sitz eingeklemmt, so dass er nicht ohne weiteres herauskommen konnte. Er wusste auch, dass zwei oder drei der Passagiere auf der nächsten Etappe aussteigen würden, und so beschloss er, Marco bis dahin draußen bleiben zu lassen und ihn dann wieder aufzunehmen.

Marcos Bewunderung für den Matrosen nahm stark ab, als er sah, wie hilflos er sich durch seine Exzesse gemacht hatte und wie kurzerhand der Fahrer ihn herumzog und zerrte, um ihn auf seinen Sitz zu bringen.

„So! Halten Sie sich fest", sagte der Kutscher mit strenger Stimme zu ihm, „halten Sie sich gut fest, sonst landen Sie bei der ersten Seillänge, die wir erreichen, kopfüber unter den Fersen der Pferde."

Der arme Seemann sagte nichts, sondern ergriff eine Eisenstange, die vom Dach der Kutsche bis zur Seite des Sitzes reichte, und hielt sie fest, so gut er konnte.

Auf diese Weise ritten sie einige Meilen weiter, wobei der Kopf des Seemanns hilflos hin und her schwang, als wäre er fast eingeschlafen. Wann immer Marco oder der Fahrer ihn ansprachen, antwortete er entweder mit belegter und schläfriger Stimme oder er antwortete überhaupt nicht. Marco beobachtete ihn eine Zeit lang und hatte ständig Angst, dass er herunterfallen würde. Er konnte jedoch nichts tun, um ihm zu helfen, denn er selbst saß an einem Ende des Sitzes, während der Matrose am anderen saß und der Fahrer zwischen ihnen saß. In der Zwischenzeit ging die Sonne allmählich unter und die Dämmerung brach an, und als sich die Schatten langsam über die Landschaft ausdehnten, begann Marco, das Reiten draußen weniger angenehm zu finden als zuvor, und er dachte, dass er im Großen und Ganzen nicht mehr so angenehm war dürfte sehr froh sein, wenn die Zeit für ihn gekommen wäre, wieder zu seinem Cousin in die Kutsche zu steigen.

Endlich kamen sie zu einer mit Brettern bedeckten Brücke, die über einen kleinen Bach führte. Es war ein eher einsamer Ort mit Wäldern auf beiden Seiten der Straße. Hinter der Brücke gab es ein kurzes Stück ebener Straße und dann einen sanften Anstieg, an dessen Ende sich auf der rechten Straßenseite ein Bauernhaus befand. Am Ende der Brücke, zwischen den

Planken und dem Boden dahinter, gab es einen Ruck, der durch das Verrotten eines Baumstamms verursacht wurde, der zu Beginn der Planierung im Boden verankert war. Da es wegen des Schattens der Bäume ziemlich dunkel war, bemerkte der Kutscher diesen Ruck nicht und begann gerade, seine Pferde in Trab zu bringen, als sie die Brücke verließen, als die Vorderräder heftig aufschlugen in die Mulde, wodurch die Vorderseite des Wagens plötzlich nach vorne und unten geneigt wird. Marco ergriff die Eisenstange an seinem Ende des Sitzes und rettete sich; und der Fahrer, der stets auf der Hut war, hatte seine Füße so gegen den Kotflügel vor ihm gestützt, dass er nicht gestürzt wäre. Aber der arme Seemann, der auf den Stoß völlig unvorbereitet war und vielleicht nicht in der Lage gewesen wäre, ihm zu widerstehen, wenn er vorbereitet gewesen wäre, kippte nach vorne, verlor den Halt, stürzte über den Kotflügel und stürzte, wie der Fahrer vorhergesagt hatte, mit dem Kopf voran nach unten die Fersen der Pferde. Der Fahrer packte ihn mit einer Hand, doch als er feststellte, dass dies nicht ausreiche, ließ er die Zügel los und versuchte, ihn mit beiden Händen zu packen. Dabei verlor er jedoch das Gleichgewicht und stürzte ebenfalls um. Er ließ den Seemann natürlich los, als er merkte, dass er selbst gehen würde. Der Matrose fiel schwer und hilflos zwischen der Stange und der Seite eines der Pferde zu Boden. Der Fahrer folgte. Er ergriff die Stange mit einer Hand, aber es war zu spät, um sich ganz zu retten, und da er glaubte, dass die Gefahr bestehe, mitgeschleift zu werden, und als er merkte, dass die Pferde erschrocken vorwärts sprangen, ließ er sich ebenfalls zu Boden fallen. Die Kutsche überholte sie augenblicklich, während die Pferde weitergaloppierten.

Das alles verging in einem Augenblick, und bevor Marco auch nur einen Moment Zeit zum Nachdenken hatte, befand er sich allein auf seinem Sitz, der Kutscher wurde überfahren und vielleicht getötet, und die Pferde galoppierten davon, die Zügel hingen ihnen an den Fersen herunter. Der erste Impuls wäre in einem solchen Fall, vor Angst laut zu schreien – was die Pferde nur noch schneller laufen lassen hätte. Aber Marco ließ sich nicht so leicht einschüchtern; Zumindest ließ ihn die Angst nicht so leicht in den Wahnsinn treiben. Also schrie er nicht; Und da er nicht wusste, was er sonst tun sollte, saß er still und tat nichts.

Der Unfall.

all dem wussten die Passagiere im Inneren derweil nichts . Viele von ihnen hatten geschlafen, als sie über die Brücke kamen. Der Ruck hatte sie ein wenig geweckt, aber nichts deutete auf den Unfall hin, der sich vor ihnen ereignet hatte, und so richteten sie sich ruhig auf ihren Sitzen ein und versuchten, sich wieder zum Schlafen zu sammeln.

Die Pferde waren gut ausgebildet und sanft. Sie galoppierten weiter, bis das ebene Gelände reichte, und verlangsamten dann ihr Tempo, als sie den Anstieg begannen. Dann kam Marco die Idee, vielleicht über den Kotflügel zur Stange zu klettern und dann ein Stück weiterzugehen, bis er die Zügel aufheben konnte. Dann dachte er, dass er vielleicht die Pferde stoppen könnte, wenn er wieder mit ihnen zum Kutschersitz zurückkehren könnte. Marco war ein erfahrener Kletterer. Er hatte diese Kunst in seinem Gymnasium in New York gelernt; so dass er keine Angst davor hatte, hinab- und wieder zurückzukommen. Die einzige Gefahr bestand darin, dass er die Pferde nicht wieder erschrecken und sie erneut zum Laufen bringen könnte.

Nach kurzem Nachdenken kam er zu dem Schluss, dass er es auf jeden Fall versuchen würde; Also stieg er vorsichtig über den Kotflügel und kletterte hinunter. Als seine Füße die Stange erreichten, legte er sie einen Moment darauf ab und klammerte sich mit seinen Händen an den Kotflügel und andere Teile der Vorderseite der Kutsche. Er fand seine Position hier instabiler, als er erwartet hatte; Da die Kutsche auf Federn stand, hob und senkte sich der vordere Teil mit vielen Stößen und Stößen, während die Pferde schnell vorwärts fuhren, während die Stange gerade und fest in ihrer Position gehalten wurde. Dadurch waren die verschiedenen Körperteile mit unterschiedlichen Bewegungssystemen verbunden, was seine Position sehr unbequem machte.

Nach einer kurzen Pause stellte er jedoch fest, dass er auf der Stange stehen und wahrscheinlich auch gehen konnte; Also ging er vorsichtig voran, legte seine Hände auf die Rücken der Pferde und ging auf der Stange zwischen ihnen entlang. Die Pferde waren durch die seltsamen Empfindungen, die sie erlebten, etwas beunruhigt und begannen wieder zu galoppieren; Aber Marco, der von Minute zu Minute mehr Selbstvertrauen verspürte, machte mutig weiter, nahm die Zügel in die Hand und brachte alles zusammen. Dann nahm er die Enden der Zügel in eine Hand, kroch zurück und hielt sich mit der anderen Hand am Geschirr eines der Pferde fest. Auf diese Weise erlangte er die Kutsche zurück und kletterte dann, wenn auch mit einiger Mühe, wieder auf seinen Sitz.

Dann versuchte er, die Pferde aufzuhalten, indem er die Zügel zusammennahm und mit aller Kraft an ihnen zog; aber es war vergebens. Zu diesem Zeitpunkt hatten die Pferde einen Teil der Straße erreicht, wo es ebener war, und sie begannen, in schnellerem Tempo vorwärts zu drängen. Marco dachte darüber nach, Forester zu rufen, er solle aus dem Fenster steigen und an der Seite der Kutsche entlang zur Loge klettern, um ihm zu helfen; aber gerade in diesem Moment sah er, dass sie dem Bauernhaus gegenüberstanden, das in einiger Entfernung in Sichtweite gewesen war, als sie die Brücke überquerten. Daher dachte er, dass er die Pferde zwar nicht aufhalten könne, aber vielleicht die Kraft haben würde, sie von der Straße in den Hof des Bauern zu lenken; und dass sie dann leichter gestoppt werden könnten. Dies gelang ihm. Indem er mit aller Kraft die Zügel der Anführer ausbremste, gelang es ihm, sie von der Straße abzuhalten. Die Stangenpferde folgten wie selbstverständlich – die Kutsche näherte sich mit anmutigem Schwung der Tür des Bauern, und dann wurden die Pferde mühelos angehalten. Der Bauer kam sofort zur Tür, um zu sehen, welche seltsame Gesellschaft ihn auf der Bühne besucht hatte , gefolgt von seiner Frau; während sich mehrere Kinder an den Fenstern drängten.

"Was gibt es hier?" sagte eine Stimme aus dem Fenster der Kutsche: „Ein Postamt?" Sie dachten, die Bühne sei bis zur Tür eines Postamtes gefahren worden.

Marco antwortete nicht; Tatsächlich war er verwirrt und verwirrt über die Seltsamkeit seiner Situation. Er schaute über das Dach des Busses die Straße hinunter, um zu sehen, was aus dem Fahrer geworden war. Zu seiner großen Freude sah er ihn hinter die Kutsche rennen – sein Hut war zerdrückt und seine Kleidung staubig. Die Passagiere schauten aus den Fenstern der Bühne und riefen:

„Warum, Fahrer! Was ist los?“

Der Fahrer antwortete nicht. Er fing an, seine Kleidung zu bürsten , und indem er seinen Hut abnahm, versuchte er, ihn wieder in Form zu bringen.

„Was *ist* los, Fahrer?“ sagten die Passagiere.

„Nichts“, antwortete er, „nur dieser betrunkene Seemann ist von der Bühne gestürzt.“

"Wo?" "Wann?" riefen ein halbes Dutzend Stimmen. „Ist er getötet?“

„Getötet? Nein“, antwortete der Fahrer; „Ich glaube nicht, dass er überhaupt nüchtern ist.“

Forester und ein anderer Herr fragten dann eindringlich, wo er sei, und der Fahrer sagte ihnen, er sei „ein Stück zurück“, wie er es ausdrückte.

„Was! Auf der Straße liegen?“ sagte Förster; „Öffne die Tür und lass uns gehen und uns um ihn kümmern.“

„Nein“, sagte der Fahrer; „Er ist sicher am Straßenrand angekommen. Ich glaube nicht, dass er sich verletzt hat. Lass ihn auf sich selbst aufpassen, dann fahren wir weiter.“

Aber Forester protestierte entschieden dagegen, den armen Seemann in einem solchen Zustand und an einem solchen Ort zurückzulassen; und schließlich wurde vereinbart, dass der Bauer die Straße hinuntergehen und sich um ihn kümmern sollte, damit die Postkutsche mit den Passagieren weiterfahren konnte.

Forester war jedoch nicht länger bereit, Marco draußen fahren zu lassen; und so gelang es ihnen, ihm im Innern Platz zu machen. Als Marco von seinem Hochsitz herunterstieg, sagte der Fahrer im Vorbeigehen mit leiser Stimme zu ihm:

„Wie hast du die Zügel bekommen? Ich dachte, sie wären alle mit mir runtergekommen, unter die Fersen der Pferde.“

„Ja“, sagte Marco, „das haben sie, und ich bin auf die Stange geklettert und habe sie geholt.“

„Nun“, sagte der Fahrer, „du bist ein kluger Junge. Aber erzähl ihnen drinnen nicht, dass ich heruntergefallen bin. Sag ihnen, ich habe dir die Zügel gegeben und bin hinuntergesprungen, um den Matrosen zu sehen.“

Nachdem Marco diese Anklage erhalten hatte, wäre er stark in der Versuchung gewesen, eine Unwahrheit zu erzählen, wenn ihm die Begleitung im Bus irgendwelche Fragen dazu gestellt hätte. Aber das taten sie nicht. Sie waren so sehr damit beschäftigt, ihr Erstaunen darüber zum Ausdruck zu bringen, dass der Seemann sich nicht das Genick gebrochen hatte, dass sie nur sehr wenige Fragen stellten und nach einer kurzen Fahrt wieder in Schweigen verfielen. Die Tatsache, dass sowohl der Fahrer als auch der Matrose schwer verletzt blieben, war nicht so wunderbar, wie es scheinen mag. Pferde haben im Allgemeinen eine instinktive Vorsichtsmaßnahme und achten darauf, dass sie nicht auf irgendetwas unter ihren Füßen treten. Wenn ein kleines Kind mitten auf der Straße schlafend läge und ein Pferd ohne Reiter im Galopp vorbeikäme, würde die Mutter, die den Anblick vom Fenster des Hauses aus sehen würde, zweifellos außerordentlich erschrocken sein; aber aller Wahrscheinlichkeit nach würde das Pferd das Kind überholen, ohne es zu verletzen. Er sprang darüber oder ging um ihn herum, als wäre es ein Stein. Dies ist ein Grund dafür, dass in so vielen Fällen Menschen überfahren werden, ohne dass sie verletzt werden. Der Kutscher und der Matrose blieben jedoch den Pferden auf den Fersen und entkamen ihnen auf diese Weise, und sie landeten so genau in der Mitte der Straße, dass sie der Spur der Räder nicht im Weg waren. und so entgingen sie einer schweren Verletzung.

Das Unglück des Abends war damit jedoch noch nicht zu Ende. Die Straße war ziemlich holprig und es gab viele Schlaglöcher und Unebenheiten ; und ein oder zwei der Passagiere schienen eine gewisse Angst zu verspüren, dass die Bühne umkippen könnte. Einer, der in der Nähe der Tür saß, streckte seinen Arm zum Fenster über der Tür aus, um seine Hand auf den Griff des Riegels zu legen, um, wie er sagte, bereit zu sein, die Tür zu öffnen und herauszuspringen. in einem Moment der Warnung. Der Herr auf dem Rücksitz riet ihm davon ab.

„Wenn Sie Ihren Arm ausgestreckt haben", sagte er, „kann die Kutsche darauf umfallen und sie zerbrechen. Auf diese Weise werden Menschen durch das Umkippen der Kutschen verletzt, indem sie ihre Beine und Arme in alle Richtungen ausstrecken, wenn sie fahren." Stellen Sie fest, dass sie übergehen, und machen Sie sie kaputt. Sie sollten Ihre Arme verschränken und Ihre Füße anziehen, und wenn Sie feststellen, dass wir übergehen, gehen Sie in einer entspannten Haltung vor, wobei alle Muskeln entspannt sind, als ob Ihr Körper wäre war eine Tüte Mais.

Der Passagier lachte und nahm seinen Arm hinein; und alle anderen Passagiere, die sahen, dass der Rat des Herrn vernünftig war, beschlossen, ihm zu folgen, wenn sie Gelegenheit dazu hätten. Und sie hatten tatsächlich früher Gelegenheit, als sie erwartet hatten. Denn kurz nach Einbruch der Dunkelheit, als sie ziemlich schnell einen langen Hügel hinabstiegen und ein

Wagen in kurzer Entfernung vor ihnen stand, stolperte eines der Pferde des Wagens und stürzte, was den Wagen kurz zuvor plötzlich zum Stillstand brachte der Trainer. Der Fahrer erkannte sofort, dass er keine Zeit hatte, seine Pferde anzuhalten, und dass die einzige Chance darin bestand, von der Straße abzubiegen und vorbeizufahren. Der Boden am Straßenrand war so stark geneigt, dass er fast Angst hatte, dieses Mittel zu wagen, aber er hatte keine Zeit zum Nachdenken. Er rollte seine Pferde hinaus, entkam gerade noch dem Hinterrad des Wagens, rannte ein kurzes Stück am Straßenrand entlang, mit den Rädern auf einer Seite, ganz in die Nähe der Rinne, und dann genau wie er Als er wieder sicher auf die Straße zurückkam, wobei das Vorderrad sich der Mitte der Straße näherte, prallte er gegen einen kleinen Stein und warf die Kutsche um. Der Gipfel ruhte auf dem Ufer, und die Pferde wurden plötzlich angehalten. Bei solchen Gelegenheiten kommt es manchmal vor, dass der sogenannte Spiegelbolzen, d. h. der Bolzen, mit dem die Vorderräder am Wagen befestigt sind, herausspringt und die Pferde mit den Rädern davonlaufen . Dies kam in diesem Fall jedoch nicht heraus. Der Mann, der seinen Arm aus dem Fenster gesteckt hatte, rief sofort erschrocken: „Haltet die Pferde! Haltet die Pferde! Lasst nicht zu, dass die Pferde rennen und uns zerren.“ Aber dieses Geschrei war unnötig. Ein Bus voller Passagiere und Gepäck ist eine volle Ladung für vier Pferde, wenn er auf Rädern montiert ist. Es würde eine Anstrengung erfordern, die weit über ihre Kräfte hinausgeht, um es auf die Seite zu ziehen. Die Pferde blieben daher ruhig, während der Fuhrmann und der Kutscher, der unverletzt war, die Tür oben im Wagen öffneten. Anschließend stiegen die Passagiere einer nach dem anderen unverletzt aus. Mary Williams kam als letzte heraus, mit ihrem Orangenbaum-Tresor in der Hand.

KAPITEL III.

DAS GRASLAND.

Die Szene der Verwirrung, die durch den im letzten Kapitel beschriebenen Doppelunfall hervorgerufen wurde, war groß, hielt aber nicht lange an. Der Fuhrmann richtete sein gestürztes Pferd wieder auf, und dann richteten die Passagiere, der Kutscher und der Fuhrmann sich alle an einem Strang, die Bühne bald wieder auf. Keiner der Passagiere wurde verletzt, aber der Bus selbst war so schwer verletzt, dass der Fahrer dachte, es sei nicht sicher, ihn erneut schwer zu beladen. Die weiblichen Passagiere stiegen ein, aber die Männer gingen daneben und wollten auf diese Weise etwa vier Meilen bis zur nächsten Taverne zurücklegen. Forester war jedoch nicht geneigt, einen so langen Spaziergang zu machen. Glücklicherweise befand sich in geringer Entfernung vor ihnen ein Bauernhaus, das aussah, als gehörte es einem großen, sparsamen Bauern. Die großen Scheunen und Schuppen, die gepflegten Höfe, die gut gebauten Mauern und Zäune und der große Viehbestand im Scheunenhof zeugten von Reichtum und Wohlstand. Forester beschloss, sich hier um eine Übernachtungsmöglichkeit für sich und Marco zu bewerben. Der Bauer war sehr bereit, sie entgegenzunehmen. Also zog der Fahrer seine Koffer aus, und dann fuhr die Postkutsche mit den übrigen Passagieren weiter.

„Wie lange müssen wir hier bleiben?" fragte Marco.

„Nur bis morgen", sagte Forester. „Morgen folgt eine weitere Etappe. Wir können genauso gut anhalten, wie wir es nicht eilig haben, nach Hause zu kommen. Außerdem möchte ich, dass Sie etwas über den Betrieb einer großen Grasfarm sehen."

Marco und Forester gingen ins Haus und wurden in einen großen Raum geführt, der sowohl Wohnzimmer als auch Küche zu sein schien. Für das Abendessen stand in der Mitte des Bodens ein großer runder Tisch. Darunter lag ein monströser Hund, dessen Kinn auf seinen Pfoten ruhte. In einer Ecke neben dem Feuer stand eine große Sitzgelegenheit. Es gab auch Stühle mit geraden Rückenlehnen und Sitzen aus Korbgeflecht, ein Spinnrad, einen offenen Schrank und verschiedene andere ähnliche Gegenstände, die sich so stark von den Möbelstücken unterschieden, die Marco im Neuen Zeitalter zu sehen gewohnt war Yorker Salons zogen seine Aufmerksamkeit sehr stark auf sich. Marco ging und setzte sich auf die Bank, und der Hund stand auf und kam zu ihm. Der Hund blickte ihm mit einem ernsten, fragenden Blick ins Gesicht, der deutlich sagte: „Wer bist du?" während Marco ihm den Kopf tätschelte und damit klar und deutlich antwortete: „Ein Freund." Der Hund, der die Antwort vollkommen verstand, schien zufrieden zu sein, wandte sich ab und ging wieder zu seinem Platz unter dem Tisch zurück.

Wer bist du?

Einer der jungen Männer des Bauern trug die Koffer in ein kleines Schlafzimmer, das sich vom großen Raum aus öffnete; und dann setzte sich der Bauer hin und begann mit Forester und Marco ein Gespräch über ihren Unfall zu führen. Forester erzählte ihm auch von dem Matrosen, der vor ein oder zwei Meilen von der Kutsche gestürzt und zurückgeblieben war. Forester sagte, er würde gerne wissen, ob er schwer verletzt sei. Dann sagte der Bauer, dass er ihm erlauben würde, am nächsten Morgen ein Pferd und einen Wagen zu nehmen, zurück zu reiten und sich zu erkundigen. Daher wurde dieser Plan beschlossen. Marco und Forester aßen ein gutes Abendessen mit der Familie des Bauern und verbrachten dann den Abend damit, sich zu unterhalten und Geschichten über Pferde und kluge Hunde zu erzählen und darüber, wie man wilde Tiere im Wald mit Fallen fängt. Gegen neun Uhr versammelte sich die ganze Familie zum Abendgebet. Nach dem Gebet gingen Marco und Forester in ihrem kleinen Schlafzimmer zu Bett, wo sie bis zum Morgen tief und fest schliefen.

Am Morgen wurden sie beide frühmorgens durch das Krähen der Hähne geweckt. Sie hörten auch vor Sonnenaufgang Bewegungen im Haus und im Hof; Sie standen also auf, zogen sich an, und nachdem sie gemeinsam in ihrem Zimmer ihre Morgenandacht gehalten hatten, eine Pflicht, die Forester nie unterließ, gingen sie hinaus. Marco interessierte sich sehr für die morgendlichen Beschäftigungen auf dem Bauernhof. Es gab das Melken der Kühe, das Füttern der verschiedenen Tiere und das Abladen einer Ladung Mais, die man am Abend zuvor geholt hatte und die man über Nacht auf dem Karren auf dem Scheunenboden stehen ließ. Die Kühe sollten dann auf die Weide getrieben werden, und der Junge, der mit ihnen ging, nahm ein Zaumzeug, um ein Pferd zu fangen, damit Forester und Marco es reiten konnten. Forester und Marco begleiteten ihn. Bis zu den Weidebars war es nur ein kurzer Fußweg, aber sie mussten ein wenig herumwandern, bevor sie die Pferde fanden. Schließlich fanden sie sie gemeinsam beim Fressen am Rande eines Baumhains. Es gab zwei oder drei Pferde und mehrere Langschwanzfohlen. Der Junge fing eines der Pferde, das er Nero nannte. Nero war ein weißes Pferd. Marco bestieg ihn und ritt hinunter, die anderen Pferde und die Fohlen folgten ihm. Sie brachten das Pferd bis nach dem Frühstück in den Stall und spannten es dann an den Wagen. Als alles fertig war, forderte der Bauer sie auf, den Seemann mit zu sich nach Hause zu nehmen, wenn sie feststellten, dass er so verletzt war, dass er nicht reisen konnte.

Als sie im Wagen saßen und ihre Fahrt begonnen hatten, fragte Marco Forester, was er gestern Abend mit einer *Grasfarm meinte*. „Du hast mir gesagt ", sagte er, „dass du mir eine große Grasfarm zeigen wolltest."

„Ja", antwortete Forester. „Die Farmen in diesem Teil der Vereinigten Staaten können Grasfarmen genannt werden. Das ist das Grasland."

„Ist das nicht alles Grasland?" fragte Marco. „Überall wächst Gras."

„Gras wird nicht überall so häufig *angebaut* wie in den Bergen der nördlichen Bundesstaaten", antwortete Forester. „Die großen Anbauprodukte in den Vereinigten Staaten sind Gras, Getreide und Baumwolle. Das Gras wird in den nördlichen Staaten angebaut, das Getreide in den mittleren Staaten und die Baumwolle in den südlichen Staaten. Das Gras ist Nahrung für Tiere, die …" Getreide ist Nahrung für den Menschen und Baumwolle dient der Kleidung. Diese verschiedenen Arten des Anbaus sind in der Tat nicht ausschließlich in den verschiedenen Bezirken. Etwas Gras wird in den mittleren und südlichen Bundesstaaten angebaut, und etwas Getreide wird in den nördlichen Bundesstaaten angebaut; aber Im Allgemeinen besteht die größte landwirtschaftliche Produktion der nördlichen Bundesstaaten aus Gras, und diese Farmen in den Bergen in Vermont sind Grasfarmen.

„Es gibt einen bemerkenswerten Unterschied", fuhr Forester fort, „zwischen den Grasfarmen im Norden und den Getreidefarmen in den Mittelstaaten oder den Baumwollplantagen im Süden. Der Grasanbau bringt eine große Vielfalt an Berufen und Prozessen mit sich." auf der Farm, was die Farm zu einer kleinen Welt für sich macht; wohingegen der Getreide- und Baumwollanbau weitaus einfacher ist und viel weniger Urteilsvermögen und Geschicklichkeit erfordert. Das ist ziemlich bemerkenswert; denn man könnte meinen, dass die Aufzucht von Futter für Tiere weniger erfordern würde Geschicklichkeit als die Beschaffung von Nahrungsmitteln oder Kleidung für den Menschen.

„Das hätte ich denken sollen", sagte Marco.

„Der Grund für den Unterschied ist", antwortete Forester, „dass es bei der Aufzucht von Futtermitteln für Tiere notwendig ist, dass die Tiere es an Ort und Stelle fressen, denn es verträgt den Transport nicht."

"Warum nicht?" sagte Marco.

„Weil es so billig ist", antwortete Forester.

„Ich glaube nicht, dass das ein Grund ist", antwortete Marco.

„Eine Ladung Gras" – sagte Forester.

„Eine Menge Gras!" wiederholte Marco lachend.

„Ja, getrocknetes Gras, also Heu. Heu ist, wissen Sie, getrocknetes Gras, um es haltbar zu machen."

„Sehr gut", sagte Marco; "mach weiter."

„Eine Ladung Gras ist also so billig, dass der Transport über fünfzig Meilen mehr kosten würde, als sie wert ist. Aber Baumwolle ist im Verhältnis zu ihrer Masse viel mehr wert. Sie kann daher in weite Entfernungen transportiert werden." Orte zum Verkauf und zur Herstellung. So wird die enorme Menge Baumwolle, die jeden Sommer in den Südstaaten wächst, sehr eng in Säcke gepackt und zu den Flüssen und Bächen geschleppt, von wo aus sie in Dampfschiffe verladen und zur Welt geschickt wird Große Seehäfen, und in den Seehäfen wird es auf Schiffe verladen, die es nach England oder in die nördlichen Staaten transportieren, um dort verarbeitet zu werden; und es ist so wertvoll, dass es einen Preis bringt, der ausreicht, um alle beschäftigten Personen zu bezahlen beim Anbau oder beim Transport. Aber das Gras, das in den nördlichen Ländern wächst, kann nicht transportiert werden. Die Mühlen zur Herstellung von Baumwolle können in einem Land sein, und die Baumwolle wird in einem anderen angebaut, und dann wird die Baumwolle geerntet Es kann verpackt und Tausende von Kilometern zur Herstellung verschickt werden. Aber die Schafe und Ochsen, die das Heu fressen sollen, können nicht in einem Land gehalten werden, während das Gras, von dem sie sich ernähren, in einem anderen wächst. Die Tiere müssen im Allgemeinen auf dem Bauernhof leben, auf dem das Gras wächst. Während also der Baumwollanbauer nichts anderes zu tun hat, als seine Baumwolle anzubauen und auf den Markt zu schicken, muss der Grasanbauer nicht nur sein Gras anbauen, sondern auch für alle Tiere sorgen und sich um sie kümmern, die es fressen sollen. Dies macht die Landwirtschaft in den Nordstaaten zu einem weitaus komplizierteren Geschäft, da die Pflege der Tiere sehr detailliert ist und großes Geschick, gesundes Urteilsvermögen und die Ausübung ständiger Diskretion erfordert.

„Sie beobachten", fuhr Forester fort, „dass der Bauer durch den Einsatz von Tieren die Produkte seines Landes in eine Form bringt, die den Transport verträgt. Beispielsweise füttert er seine Schafe mit Heu und kümmert sich um sie." mit Sorgfalt und Geschick den ganzen Winter über. Im Frühling schneidet er ihnen die Vliese ab; und jetzt hat er etwas, das er auf den Markt schicken *kann* . *Er hat sein* Gras in Wolle verwandelt und so seinen Wert in eine viel kompaktere Form gebracht. Die Wolle wird den Transport aushalten. Vielleicht hat er seinen Schafen eine ganze Ladung Heu gegeben, um einen einzigen Sack Wolle zu produzieren. Der Sack Wolle ist also genauso viel wert wie die Ladung Heu und lässt sich viel leichter zum Markt transportieren . Er kann es auf seine Holzkiste legen und damit ohne Schwierigkeiten fünfzig Meilen weit zum Markt fahren."

„Seine Holzkiste?" fragte Marco. "Was ist das?"

„Hast du noch nie eine Holzkiste gesehen?" fragte Forester. „Es ist eine quadratische Kiste auf Kufen, ähnlich denen eines Schlittens. Die Bauern haben sie, um ihre Produkte auf den Markt zu transportieren."

„Warum nennen sie es eine Holzkiste?" fragte Marco.

Die Holzkiste.

„Als das Land zum ersten Mal besiedelt wurde, trugen sie hauptsächlich Bauholz zum Markt, das heißt Bündel von Schindeln und Schindeln, die sie aus im Wald geschnittenem Holz herstellten. Für eine neue Farm, die in den USA gebaut wurde, braucht es einige Zeit." Wälder, um in einen Zustand zu kommen, in dem sie viel Gras für das Vieh produzieren können. Ich nehme an, dass diese Fahrzeuge auf diese Weise den Namen Holzkisten erhielten. Sie werden im Winter sehr viele von ihnen beim Herunterfahren sehen Jeder Teil des Landes, bis hin zu den großen Städten an den Flüssen, ist voller Produkte."

„Wozu verarbeiten die Bauern außer Wolle noch ihr Gras?" fragte Marco.

„In Rindfleisch", sagte Forester. „Sie züchten Kühe und Ochsen. Sie lassen sie den ganzen Sommer über das Gras fressen, während es wächst, und im Winter füttern sie sie mit dem, was sie geschnitten und getrocknet und für sie in der Scheune gelagert haben. Die Bauern sind alle ehrgeizig, wenn es darum geht, so viel zu schneiden." so viel Heu wie möglich und einen großen Viehbestand zu halten. So verarbeiten sie das Gras zu Rindfleisch, und das Rindfleisch kann leicht transportiert werden. Tatsächlich transportiert es sich fast von selbst.

"Wie meinen Sie?" fragte Marco.

„Wenn die Ochsen und Kühe fett und für den Markt bereit sind, wandern sie in Scharen nach Boston, um dort getötet zu werden. Sie töten sie nicht dort, wo sie aufgezogen werden, denn dann müssten sie das Rindfleisch wegschaffen." Wagen oder Schlitten, sondern lassen die Tiere selbst zum Markt gehen und töten sie dort. Aber die Bauern bringen im Allgemeinen ihr eigenes Vieh nicht zum Markt. Männer ziehen durch das Land und besuchen die Bauern und kaufen ihr Vieh und Sammeln Sie also große Herden. Diese Männer werden Viehtreiber genannt. Wenn man spät im Herbst durch diesen Teil des Landes reiste, sah man große Herden von Rindern und Schafen, die die Straße entlangzogen und alle nach Boston oder vielmehr Brighton gingen.

„Wo ist Brighton?" fragte Marco.

„Es ist eine Stadt ganz in der Nähe von Boston, wo der große Viehmarkt stattfindet. Die Bostoner Händler kommen nach Brighton, kaufen das Vieh, lassen es schlachten und das Rindfleisch verpacken und in die ganze Welt verschicken. So die Bauern ." Verwandeln Sie das Gras in Rindfleisch, und in dieser Form kann es transportiert und verkauft werden.

"Und was noch?" fragte Marco.

„In Vermont werden sehr viele Pferde gezüchtet", antwortete Forester. „Diese Pferde leben von Gras, fressen es im Sommer, wenn es auf den Weiden und in den Bergen wächst, und werden im Winter mit Heu im Stall gefüttert. Diese Pferde werden geschickt, wenn sie vier oder fünf Jahre alt sind." zum Markt, um dort verkauft zu werden. Sie können sehr leicht transportiert werden. Ein Mann reitet auf einem und führt vier oder fünf an seiner Seite. Sie werden vielleicht fünfundsiebzig Dollar pro Stück wert sein, so dass ein Mann sie problemlos mitnehmen kann , drei- oder vierhundert Dollar der landwirtschaftlichen Erzeugnisse, in Form von Pferden; während das Heu, das auf der Farm zur Herstellung dieser Pferde verbraucht worden war, vierzig Joch Ochsen benötigt hätte , um sich fortzubewegen.

„Vierzig Joch!" wiederholte Marco.

„Ich möchte nicht genau sein", sagte Forester. „Ich meine, es wären sehr viele nötig. Damit der Bauer, indem er sein Heu an Pferde verfüttert, seine Produkte in einen besseren Zustand bringt, um sie zum Markt zu transportieren. Die Vermont-Pferde laufen über das ganze Land. So sehen Sie, dass die... Landwirte im Grasland müssen die pflanzlichen Produkte, die sie anbauen, in tierische Produkte umwandeln, bevor sie sie auf den Markt bringen können; und da die Aufzucht von Tieren eine Arbeit ist, die viel Aufmerksamkeit, Sorgfalt, Geduld und Geschick erfordert , die Landwirte müssen Männer einer höheren Klasse sein als diejenigen, die im Baumwollanbau beschäftigt sind, oder sogar als diejenigen, die Getreide anbauen. Die Tiere müssen beobachtet und bewacht werden, solange sie jung sind. Es gibt sehr viele verschiedene Krankheiten und Unfälle, und Verletzungen, denen sie ausgesetzt sind, und es erfordert ständige Wachsamkeit und beträchtliche Intelligenz, um sich vor ihnen zu schützen. Dies macht in den verschiedenen Fällen einen großen Unterschied im Charakter der Arbeiter aus. Eine Baumwollplantage im Süden kann von Sklaven angebaut werden. Eine Getreidefarm in den Mittelstaaten kann von Lohnarbeitern bewirtschaftet werden; Aber eine Grasfarm im Norden mit all ihren Ochsen, Kühen, Schafen, Geflügel und Pferden kann nur durch die Arbeit des Besitzers erfolgreich bewirtschaftet werden.

„Ist das der Grund, warum es im Süden Sklaven gibt?" fragte Marco.

„Das ist ein Grund, warum Sklaven im Süden profitabel sein können. Beim Baumwoll- oder Zuckeranbau ist ein großer Teil der im Jahr verrichteten Arbeit gleich. Fast das Ganze besteht aus ein paar einfachen Vorgängen, wie Pflanzen, Hacken B. Baumwolle pflücken usw., und dies muss auf glattem, ebenem Land erfolgen, wo bestimmte Aufgaben leicht zugewiesen werden können. Aber die Arbeit auf einer Grasfarm ist unendlich vielfältig. Es wäre nicht möglich, sie in festgelegte Aufgaben zu unterteilen. Und dann ist es so beschaffen, dass es unmöglich durch die bloße Arbeit der Hände erfolgreich ausgeführt werden kann. Der *Geist* muss dafür eingesetzt werden. Beispielsweise muss der Bauer im Sommer sogar beim Heuernten arbeiten sein ganzes Urteilsvermögen und seine Diskretion anzuwenden, um zu verhindern, dass es durch die Sommerschauer nass wird, und es dennoch rechtzeitig und ordnungsgemäß zu sichern. Ein Baumwollpflanzer kann einen Aufseher engagieren, der sich um die Ankunft seiner Baumwolle kümmert, und er Am Ergebnis kann man leicht erkennen, ob er treu war oder nicht. Aber ohne die Aktivität, die Energie und das gute Urteilsvermögen, die nur durch die Anwesenheit und unmittelbare Aufsicht eines Besitzers erreicht werden können, kann Heu nicht gut eingeholt werden. Dies führt zu großen Unterschieden in der Art des Geschäfts und in der gesamten Gesellschaftslage in den beiden Regionen."

"Was sind die Unterschiede?" fragte Marco.

„Erstens", sagte Forester, „befähigt die Tatsache, dass Baumwolle und Zucker von angeheuerten Aufsehern angebaut werden können, mit Sklaven, die die Arbeit erledigen, reiche Männer, große Plantagen zu betreiben, ohne selbst zu arbeiten. Aber eine großartige Grasfarm." Das könnte so nicht gehandhabt werden. Ein Mann mag 1.000 Acres für seine Plantage im Süden haben, und mit einem guten Aufseher und guten Händen wird alles sehr gut vorangehen, soweit es seinen Gewinn betrifft. Sie werden einen großen Ertrag bringen Menge Baumwolle, die auf den Markt geschickt und verkauft werden kann, und der Pflanzer erhält das Geld, um einen großen Gewinn zu erzielen, nachdem er alle seine Ausgaben bezahlt hat. Aber wenn ein Mann tausend Morgen Grasland kaufen und einen beschäftigen würde Wenn die Aufseher und Sklaven es bebauen würden, würde alles zugrunde gehen. Das Heu würde nass und verderben, die Karren, Wagen und komplizierten Werkzeuge würden in Stücke zerbrechen, die Lämmer würden vernachlässigt werden und sterben, und das Anwesen würde bald zerstört werden. Selbst wenn ein reicher Mann versucht, mit angeheuerten Arbeitern eine bescheidene Farm zu betreiben und dabei das Beste nimmt, was er finden kann, gelingt ihm das selten."

„Ist ihm das *jemals* gelungen?" sagte Marco.

„Ja", antwortete Forester, „manchmal. Da ist Mr. Warner, der in der Nähe meines Vaters lebt; er ist auf einer Farm aufgewachsen und praktisch mit der ganzen Arbeit vertraut. Er war sehr erfolgreich und hat ein sehr großes Vermögen." Er arbeitet jetzt selbst sehr wenig, aber er überwacht alles mit der größten Sorgfalt, und es gelingt ihm sehr gut. Er hat einen großen Viehbestand. Er mäht fünfzig Tonnen Heu.

„Ich würde gerne seine Farm sehen", sagte Marco.

„Eines Tages werden wir gehen", antwortete Forester.

„ Sie sehen also ", fuhr Forester fort, „dass die Arbeit auf einer Baumwoll- oder Zuckerplantage vergleichsweise einfach und schlicht ist und wenig Urteilsvermögen oder geistige Anstrengung und viel einfache körperliche Arbeit erfordert; während auf einer Viehfarm im Norden die Arbeit ..." Die Arbeit ist unendlich vielfältig. Jeder Monat, jede Woche und fast jeder Tag bringt Veränderungen mit sich. Ständig treten neue Notfälle auf, die Überlegung und Urteilsvermögen erfordern. Es ist notwendig, eine große Vielfalt an Tieren zu haben, um alle unterschiedlichen Tiere zu verzehren Ich kann Ihnen alles besser erklären, wenn Sie Mr. Warners Farm besichtigen."

Da Nero sehr schnell reiste, begannen sie zu dieser Zeit, sich dem Ort zu nähern, an dem sie den Seefahrer zurückgelassen hatten. Als sie zum Haus kamen, befestigten sie das Pferd an einem Pfosten und gingen hinein. Der Mann, der dort wohnte, war weggegangen, aber die Frau sagte, dass der Seemann etwas verletzt sei, und bat sie, hereinzukommen und ihn zu sehen. Sie fanden ihn in der Küche, mit dem Fuß auf einem Stuhl. Er schien Schmerzen zu haben. An seinem Knöchel war eine große Beule, die vom Korken eines Hufeisens herrührte. Diese sogenannten *Korken sind aus Stahl gefertigte Vorsprünge an der Ferse eines Hufeisens, um dem Pferd einen festen Stand zu geben.* Im Winter, wenn Eis und Schnee auf dem Boden liegen, sind sie ziemlich scharf, im Sommer sind sie jedoch im Allgemeinen stumpfer . Dies verhinderte, dass der Knöchel so stark verletzt wurde, wie es gewesen wäre, wenn die Korken schärfer gewesen wären. Forester untersuchte den Knöchel und stellte fest, dass nichts dagegen unternommen worden war. Es war entzündet und schmerzhaft. Er ließ sich von der Frau ein Becken mit warmem Wasser geben und badete es dann sehr vorsichtig, was das Spannungs- und Schmerzgefühl linderte. Dann machte er eine Salbe aus gleichen Teilen Talg und Öl, tat dies auf das Ende eines Verbandes und verband ihn so. Diese Behandlung erleichterte den armen Seemann sehr. Dann schlug Forester dem Seemann vor, in den Wagen zu steigen und mit ihm zum nächsten Haus zu fahren, und der Seemann stimmte zu. Forester wollte der Frau gerade die Übernachtung bezahlen, aber der Seemann sagte sofort: „Nein, Knappe, ganz und gar nicht. Ich bin Ihnen sehr dankbar, dass Sie meinen Fuß getreten haben, aber Sie brauchen nichts zu bezahlen." Das ist genau das Richtige für mich. Ich habe jede Menge Schrot im Schrank."

Mit diesen Worten steckte er die Hand in die Tasche und holte eine Handvoll Gold- und Silberstücke heraus. Aber die Frau, die sich jetzt ein wenig schämte, weil sie nichts für den verletzten Fuß getan hatte, sagte, er sei in seiner Unterkunft willkommen; und so stiegen sie alle in den Wagen, und Nero trug sie schnell zurück zu seinem Herrn.

Kapitel IV.

Das Dorf.

Pünktlich und ohne weitere Abenteuer erreichten Forester und Marco das Ende ihrer Reise. Das Dorf, in dem Foresters Vater lebte, lag in einer Bergschlucht, oder besser gesagt am Eingang eines Tals, das schließlich in einer Schlucht endete. Durch dieses Tal floss ein Fluss, an dessen Ufer das Dorf lag. Am oberen Ende des Dorfes mündete von Norden ein Nebenfluss, auf dem sich ein Damm mit einigen Mühlen befand. Der Fluss selbst war ein reißender Strom, der über einen sandigen und kiesigen Grund floss, und auf beiden Seiten gab es breite Abschnitte, die sich über eine gewisse Strecke in Richtung des höher gelegenen Landes erstreckten. Jenseits dieser Zwischenräume stieg das Land allmählich und wellenförmig bis zum Fuß der Berge an, die sich an den Seiten des Tals erstreckten und von deren Gipfeln man auf die ganze Szenerie mit dem Dorf herabblicken konnte in der Mitte wie auf einer Karte.

Marco war mit der Situation und dem Erscheinungsbild des Dorfes sehr zufrieden. Die Straße war breit und auf beiden Seiten von Reihen großer Ahornbäume und Ulmen beschattet. Die Häuser waren im Allgemeinen weiß und hatten grüne Jalousien. Die meisten von ihnen hatten schöne Höfe vor sich und an ihren Seiten; Diese Höfe wurden mit Bäumen und Sträuchern bepflanzt. Dahinter befanden sich auch Gärten. Die Berge, die die Szene umgaben, verliehen dem Tal ein sehr abgeschiedenes und geschütztes Aussehen.

Das Haus, in dem Forester lebte, war das größte im Dorf. Es war ein quadratisches Haus mit zwei Stockwerken. Es stand ein wenig von der Straße entfernt, inmitten eines großen Hofes, der an den Seiten mit Baumreihen und in den Ecken und in der Nähe des Hauses mit Gebüschgruppen geschmückt war. Es gab Kieswege, die in verschiedene Richtungen durch diesen Hof führten, und auf einer Seite des Hauses befand sich ein Fahrweg, der von einem großen Tor vor dem Haus zu einer Tür an einem Ende des Hauses und von dort zum Stall führte es gibt. Auf der anderen Seite des Hauses, in der Nähe der Straße, befand sich das Büro – denn Foresters Vater war Anwalt. Das Büro war ein kleines quadratisches Gebäude mit dem Namen des Anwalts über der Tür. Es gab eine Hintertür zum Büro und einen Fußweg, der sich durch Bäume und Büsche schlängelte und vom Büro zum Haus führte.

Am Morgen nach ihrer Ankunft nahm Forester Marco mit, um das Dorf zu besichtigen. Er wollte ihm nicht nur die verschiedenen Sehenswürdigkeiten zeigen, die es zu sehen gab, sondern ihm auch erklären, warum in einem

Bauernland solche Dörfer entstehen und welche Beschäftigungen ihre Bewohner hatten.

„Das erste, was die Entstehung eines Dorfes in Neuengland verursacht", sagte Forester, „ist ein Wasserfall."

"Warum das?" fragte Marco.

„Es gibt bestimmte Dinge", antwortete Forester, „die die Bauern nicht so gut aus eigener Kraft erledigen können, insbesondere das Mahlen ihres Mais und das Sägen von Baumstämmen in Bretter für ihre Häuser. Wenn sie anfangen, sich in einem neuen Land niederzulassen." Auf dem Land bauen sie ihre Häuser aus Baumstämmen und müssen den Mais und das Getreide viele Meilen zu Pferd, über Waldwege oder im Winter auf Handschlitten transportieren, um es zu Boden zu bringen. Aber sobald Wenn einer von ihnen dazu in der Lage ist, bauen sie einen Damm an einem Bach in der Nachbarschaft, wo es einen Wasserfall gibt, und erhalten so eine Wasserkraft. Diese Wasserkraft nutzen sie, um ein Sägewerk anzutreiben usw eine Getreidemühle. Dann schleppen alle Bauern, wenn sie Häuser oder Scheunen bauen wollen, Baumstämme zur Mühle, um sie in Bretter zersägen zu lassen, und sie tragen ihr Getreide zur Getreidemühle und lassen es mahlen. Sie bezahlen den Besitzer der Mühlen dafür, dass sie diese Arbeit für sie erledigen. Wenn es also in der Umgebung sehr viele Bauernhöfe und keine anderen Mühlen in der Nähe gibt, so dass die Mühlen ständig in Betrieb bleiben, bekommt der Besitzer viel Lohn und erwirbt nach und nach Eigentum.

„Sobald die Mühlen gebaut sind, eröffnet vielleicht ein Schmied ein Geschäft in ihrer Nähe. Wenn ein Schmied irgendwo in dieser Stadt ein Geschäft eröffnen will, ist es für ihn besser, es in der Nähe der Mühlen zu haben, denn Da die Bauern auf jeden Fall alle zu den Mühlen kommen müssen, können sie die Gelegenheit nutzen, ihre Pferde beschlagen zu lassen oder neue Reifen an ihre Räder zu bekommen, wenn diese kaputt sind.

"Reifen?" wiederholte Marco. „Was sind Reifen?"

„Das sind die eisernen Felgen um die Räder. Jedes Rad muss mit einem sehr festen Eisenband umwickelt sein, um es zu verstärken und fest zusammenzuhalten. Ohne Reifen würde ein Rad sehr schnell zerfallen, wenn es über einen steinigen Untergrund klappert." Straße.

„Außerdem", fuhr Forester fort, „gibt es eine Menge anderer Eisenarbeiten, die die Bauern erledigt haben müssen. Bauern können im Allgemeinen die meisten Holzarbeiten, die sie wollen, selbst erledigen. Sie können ihre Rechen und Schlepper herstellen, und Karren und Schlitten und Werkzeuggriffe; aber wenn sie Eisenarbeiten wollen, müssen sie zum Schmied gehen. Sie können einen Eggenrahmen herstellen, aber der Schmied muss die Zähne machen.

„Jetzt sollte ich mir vorstellen", sagte Marco, „dass es einfacher wäre, die Zähne zu machen als den Rahmen."

„Vielleicht ist es genauso einfach, wenn man die Schmiede und die Werkzeuge hat", antwortete Forester; „Aber die Werkzeuge und Vorrichtungen, die für Schmiedearbeiten erforderlich sind, sind viel teurer als die, die für gewöhnliche Holzarbeiten erforderlich sind. Es muss eine speziell gebaute Schmiede und ein Amboss, der auf einem soliden Fundament steht, und verschiedene Werkzeuge vorhanden sein. All dies ist vorhanden notwendig, um ein einzelnes Pferd zu beschlagen, und wenn sie alle beschafft sind, werden sie für alle Pferde der Nachbarschaft einstehen. So kommt es, dass die Bauern zwar einen großen Teil ihrer Holzarbeit selbst erledigen, auf ihren eigenen Höfen, bei Kälte und Bei stürmischem Wetter lassen sie ihre Eisenarbeiten im Allgemeinen bei einem Schmied an einem zentralen Ort erledigen, wo sie für alle leicht und bequem hingehen können.

Das obige Gespräch fand zwischen Marco und Forester statt, als sie gemeinsam durch das Dorf gingen, in Richtung des Teils der Stadt, in dem sich die Mühlen befanden. In diesem Moment blickte Marco zufällig ein kurzes Stück vor ihnen über die Straße und sah in einem kleinen Hof ein Feuer auf dem Boden. Er fragte Forester, was das für ein Feuer sein könnte. Sobald Forester das Feuer sah, rief er:

„Ah! Sie montieren einen Reifen auf ein Rad; das ist ein großes Glück; wir werden hinübergehen und sie sehen."

Also verließen sie den Weg unter den Bäumen, auf dem sie gegangen waren, und gingen schräg über die Straße auf das Feuer zu. Marco sah, dass es dort eine große Schmiede gab. Es war ein sehr hübsches, rot gestrichenes Gebäude. An der Vorderseite befand sich eine große Tür und an der Seite der Tür ein sehr niedriges Fenster, über dem ein Fensterladen hing. In einem offenen Hof neben dem Laden brannte das Feuer. Das Feuer hatte die Form eines Ringes. Um ihn herum standen mehrere Männer; Einer von ihnen, den Marco anhand seiner Lederschürze für den Schmied hielt, steckte hier und da kleine Holz- und Holzspäne um den Ring herum. Marco sah, dass auf dem Feuer ein großer Eisenring, wie er ihn nannte, stand. Es war nicht wirklich ein Reifen, es war ein *Reifen*. Es bestand aus einer viel größeren und dickeren Eisenstange als die, die für Reifen verwendet werden. Es war ein Reifen, der zu einem Rad gehörte. Das Rad lag in der Nähe auf dem Boden und war bereit, den Reifen aufzunehmen. Es war das Hinterrad eines Wagens. Der Wagen selbst stand vor der Werkstatt, wobei ein Ende des Hinterachsbaums von einem Block gestützt wurde.

„Wofür heizen sie den Reifen auf?" fragte Marco.

„Um es zu vergrößern", antwortete Forester. „Es ist notwendig, den Reifen sehr fest aufzuziehen, damit das Rad mit der ganzen Kraft des Eisens zusammengehalten wird. Wenn nun Eisen erhitzt wird, schwillt es an und schrumpft dann wieder, wenn es abkühlt. Also erhitzen sie den Reifen heiß." und setze es in diesem Zustand auf das Rad. Wenn es dann abkühlt, schrumpft es und verbindet das ganze Rad mit einem sehr starken Halt."

„Aber wenn sie es heiß machen, verbrennt es das Holz", sagte Marco.

„Ja", antwortete Forester, „es wird das Holz ein wenig verbrennen. Da können sie nicht ganz anders; aber sie stehen bereit mit Wasser, zum Aufgießen, sobald der Reifen an seinem Platz ist, und kühlen ihn so sofort ab, damit es die Kerle nicht so stark verbrennt, dass sie verletzt werden."

„Was sind das für Kerle?" fragte Marco.

„Das sind die Teile der Holzfelge des Rades. Die Felge besteht aus mehreren Holzstücken, die Fellies genannt werden."

Also nahm Forester Marco mit ans Lenkrad und zeigte ihm die Teile, aus denen die Felge bestand. Während Marco das Rad betrachtete, fing der Schmied an, die brennenden Markierungen ein wenig vom Reifen wegzuschieben, als dieser heiß genug wurde. Dann ging er in seinen Laden und holte mehrere Zangen heraus. Damit hoben die Männer den Reifen aus dem Feuer, aber der Schmied sagte, er sei etwas zu heiß und er müsse ihn ein oder zwei Minuten abkühlen lassen.

„Na ja, wenn es sehr heiß ist", sagte Marco, „dann wird es das Rad umso fester greifen."

„Es wird *zu* fest greifen", sagte Forester. „Manchmal schrumpft ein Reifen so stark, dass die Speichen aus der Form springen. Haben Sie noch nie ein Rad gesehen, bei dem die Speichen verbogen sind?"

„Ich weiß es nicht", sagte Marco. „Räder sind mir nie besonders aufgefallen."

„Manchmal verbiegen sie sich", sagte Forester. „Es erfordert große Sorgfalt, einen Reifen so aufzuziehen, dass er genau das richtige Maß an Kraft aufbringt, um das Rad fest zusammenzuhalten, ohne es zu belasten."

Der Reifen.

Sobald der Reifen die richtige Temperatur erreicht hatte, hoben die Männer ihn mit den Zangen wieder hoch, wobei sie ihn an verschiedenen Seiten festhielten, und legten ihn dann vorsichtig über das Rad. Das Rad begann sofort von allen Seiten zu rauchen. An ein oder zwei Stellen ging es in Flammen auf. Der Schmied achtete jedoch nicht darauf, sondern schlug es mit einem Hammer, den er in der Hand hielt, an seinen Platz, rund um den Rand; Dann nahm er einen braunen Krug voller Wasser, der in der Nähe stand, und begann, das Wasser darüberzugießen, wobei er dabei immer wieder um das Rad herumging, um die Flammen überall zu löschen und das Eisen abzukühlen. Als dieser Vorgang abgeschlossen war, gingen Forester und Marco weiter.

„Lass mal sehen", sagte Forester, „wo habe ich in meinem Bericht über das Wachstum eines Dorfes aufgehört, Marco? Ich habe dir von der Schmiede erzählt, glaube ich."

„Ja", sagte Marco.

„Das Nächste an der Schmiede ist in der Geschichte eines Dorfes in Neuengland“, sagte Forester, „im Allgemeinen ein Geschäft. Sie sehen, die Bauern können nicht alles aufbringen , was sie wollen. Es gibt sehr viele Dinge, die aus dem Ausland kommen.“ Länder, die sie kaufen müssen.

„Zum Beispiel Zucker und Tee“, sagte Marco.

„Ja“, antwortete Forester, „nur wird in Vermont aus dem Saft des Ahornbaums eine große Menge Zucker hergestellt. Wir werden uns nächsten Frühling Herrn Warners Zuckerstrauch ansehen. Aber es gibt sehr viele Dinge, die …“ Bauern müssen kaufen. Einer der wichtigsten Artikel ist Eisen. Wenn nun jemand beschließt, ein Geschäft zu eröffnen, ist der beste Ort, den er für sein Geschäft finden kann, in der Nähe der Mühlen und der Schmiede; denn die Leute müssen dorthin kommen und so ist dies für sie der bequemste Ort, um seinen Laden zu besuchen. Und so ist nach und nach, wenn ein Zimmermann und ein Maurer aufs Land kommen, das kleine Dorf, das sich so zu bilden begonnen hat, das Beste Ort, an dem sie sich niederlassen können, denn dort kann man sie am bequemsten besuchen und sehen. Nach einer Weile kommt ein Arzt und lässt sich dort nieder, um sie zu heilen, wenn sie krank sind, und ein Anwalt, um Streitigkeiten vorzubeugen.“

„Um Streitigkeiten *vorzubeugen !*“ sagte Marco. Marco hatte nicht viel Ahnung von der Natur der Anwaltstätigkeit, aber er hatte eine Art unbestimmte und vage Vorstellung davon, dass Anwälte Streitigkeiten zwischen Männern *austragen* und danach leben würden. „Ich weiß“, sagte Forester lachend, „dass Anwälte im Allgemeinen nicht das Verdienst haben, viele Streitigkeiten zu verhindern, aber ich glaube, dass sie es tun. Vielleicht liegt es daran, dass ich selbst Anwalt werden werde. Aber ich glaube wirklich.“ dass Anwälte zehn Streitigkeiten verhindern, wenn sie einen verursachen.“

"Wie machen Sie das?" fragte Marco.

„Sie schließen Verträge ab, verfassen Schriften und lehren die Menschen, in ihren Verpflichtungen und Geschäften klar und deutlich zu sein. Wenn die Menschen dann ihre Schulden nicht bezahlen wollen, zwingen sie sie außerdem dazu, dies auf dem Rechtsweg zu tun. Und da.“ Es werden unzählige Schulden beglichen, aus Angst vor diesem Gerichtsverfahren, das ohne dieses Verfahren nicht beglichen worden wäre. Da die Anwälte also immer bereit sind, die Gesetze anzuwenden, sind die Menschen viel vorsichtiger, sie nicht zu brechen, als andernfalls wären sie es. Daher ist es zweifellos von großem Nutzen für eine Gemeinschaft, nicht nur über effiziente Gesetze zu verfügen, sondern auch über effiziente Anwälte, die bei deren Umsetzung helfen.“

Zu diesem Zeitpunkt hatten Forester und Marco den Teil des Dorfes erreicht, in dem sich die Mühlen befanden. Forester zeigte Marco den Damm. An jedem Ufer wurde es von Felsvorsprüngen gestützt, und es gab eine Rinne, die das Wasser zu den Rädern der Mühlen leitete. Es gab zwei Mühlen und eine Maschinenwerkstatt. Sie gingen in die Maschinenwerkstatt. Hier gab es eine vom Wasser getragene Drehbank. Ein Mann war daran beschäftigt und drehte Hackenstiele. Forester fragte ihn, welche anderen Artikel dort gedreht wurden; und er sagte Pfosten für Bettgestelle und Rundungen für Stühle und solche anderen Dinge, die in diesem Teil des Landes in großen Mengen verwendet wurden. Forester fragte ihn, ob die Drehbank neben Holz auch Messing und Eisen drehen könne; aber er sagte, das würde nicht der Fall sein. Für diese Arbeit war es nicht geeignet.

„Ich nehme an, Sie haben hier vielleicht eine Drehbank, um die Metalle zu bearbeiten", sagte Forester.

„Ja", antwortete der Mann, „aber es würde sich nicht lohnen . In diesem Teil des Landes gibt es sehr wenig Bedarf an dieser Art von Arbeit."

Nachdem sie sich die Mühlen angesehen hatten, gingen Forester und Marco ein Stück den Bach hinauf, um sich den Mühlenteich anzusehen. Immer wenn ein Damm gebaut wird, entsteht darüber ein Teich, der je nach Bodenbeschaffenheit mehr oder weniger groß ist. In diesem Fall gab es einen ziemlich großen Teich, der durch die Ansammlung des Wassers über dem Damm entstanden war. Der Teich war nicht sehr breit, erstreckte sich aber mehr als eine Meile flussaufwärts. Die Ufer waren malerisch und wunderschön, an manchen Stellen mit Bäumen übersät, an anderen boten sie grüne Hänge, die bis zum Wasser reichten.

„Das ist ein guter Teich zum Angeln", sagte Marco.

„Ja", sagte Forester, „und im Winter eignet es sich hervorragend zum Schlittschuhlaufen."

Marco und Forester folgten den Ufern des Mühlenteichs, bis sie das Ende des stillen Wassers erreichten; Dahinter sahen sie einen schnell fließenden Bach, der von den Bergen herabströmte. Marco wollte diesem Bach weiter folgen, um zu sehen, wozu sie kommen würden, und Forester stimmte zu. Je weiter sie vordrangen, desto höher stieg der Boden an, und Wälder, Abgründe und Berge begannen die Sicht zu versperren. Marco kletterte gern über die Felsen und entdeckte auf jedem Schritt des Weges viel Interessantes. Er sah mehrere Eichhörnchen und ein Kaninchen. Er wollte, dass Forester ihm eine Waffe besorgte und ihn schießend in den Wald hinausgehen ließ.

„Nein", sagte Forester.

"Warum nicht?" fragte Marco.

„Das ist ein gefährliches Vergnügen.“

„Warum? Glaubst du, ich sollte mit meiner Sonne getötet werden ?“ fragte Marco.

„Nein“, antwortete Forester, „ich glaube nicht, dass du das tun würdest; aber du *könntest* getötet werden. Das Risiko wäre zu groß für den Nutzen.“

„Nun, du hast mir neulich gesagt, dass es eine tolle Sache sei, zu lernen, gelassen Risiken einzugehen. Wenn ich eine Waffe hätte, könnte ich üben und lernen.“

„Ja“, sagte Forester, „es ist gut, gelassen Risiken einzugehen, wenn der Vorteil ausreicht, um es zu rechtfertigen. Als man sich zum Beispiel neulich auf die Stange schlich, um die Zügel zu holen, ging man ein großes Risiko ein. aber vielleicht haben Sie dadurch den Passagieren das Leben gerettet. Das war richtig – aber Ihr Leben aufs Spiel zu setzen, um des Vergnügens willen, ein Eichhörnchen zu schießen, ist nicht klug. Marco hatte ihm zuvor davon erzählt, dass er die Zügel in die Hand nahm.

„Das sollte ich nicht glauben, es bestand große Gefahr“, sagte Marco.

„Nein“, sagte Forester, „es besteht nur eine sehr geringe Gefahr. Wenn Sie eine Waffe benutzen, setzen Sie sich nur einer sehr geringen Gefahr eines sehr großen Unglücks aus. Es besteht eine sehr geringe Wahrscheinlichkeit, dass Ihre Waffe platzt oder dass Sie jemals versehentlich auf eine schießen andere Person;-- in der Tat sehr wenig. Aber wenn die Waffe platzen würde und einen Ihrer Arme wegblasen oder Ihnen die Augen ausstechen würden oder wenn Sie einen anderen Jungen erschießen würden, wäre das Unglück sehr schrecklich. Also wir nennen es ein großes Risiko.“

„Es scheint ein kleines Risiko einer großen Katastrophe zu sein“, sagte Marco.

„Ja“, antwortete Forester, „aber wir nennen es ein großes Risiko. Wir nennen das Risiko groß, wenn entweder das Übel, das uns droht, groß ist, oder wenn die Chance, dass es uns widerfährt, groß ist. Zum Beispiel, wenn Wenn Sie und ich über den Baumstamm gehen würden, der auf der anderen Seite des Flusses liegt, würden wir ein großes Risiko eingehen; aber das wäre keine geringe Chance eines großen Übels, sondern eine große Chance eines kleinen Übels. Es würde ein großes Übel geben Es besteht die Möglichkeit, dass wir in den Bach fallen; aber das wäre kein großes Übel, da wir uns nur nass machen würden.

Das Risiko

„Lass uns gehen und es versuchen", sagte Marco. „Ich nicht", sagte Forester. „Sie können es jedoch, wenn Sie möchten. Ich bin bereit, Sie zu Ihrem Vergnügen ein solches Risiko eingehen zu lassen . "

Marco ging zum Baumstamm und ging darüber hin und her, so gelassen, als wäre es ein breites Brett, das auf dem Boden liege. Schließlich hüpfte er auf einem Fuß darüber, um Forester seine Geschicklichkeit zu zeigen. Forester war überrascht. Er wusste nicht, wie viel Geschick Marco in solchen Kunststücken durch sein Turnen in New York erworben hatte.

Danach kletterten Forester und Marco einige Felsen auf einen erhöhten Gipfel, von wo aus sie einen schönen Blick auf das Dorf unter sich hatten. Sie konnten den Fluss verfolgen, der sich durch das Tal schlängelte, mit den grünen Abschnitten auf beiden Seiten. Sie konnten das Dorf und die Straßen sehen, mit der Turmspitze des Versammlungshauses in der Mitte. Auch der

Mühlenteich war gut sichtbar; und Marcos Aufmerksamkeit wurde von einem Boot erregt, das er über die Wasseroberfläche gleiten sah.

„O! Da ist ein Boot", sagte Marco.

„Ja", sagte Forester. „Ich bin schon oft mit ihr über das Wasser gepaddelt."

„Wie viele Ruder zieht sie?" fragte Marco.

„Ruder?" sagte Forester, „keine Ruder; sie benutzen Paddel."

„Ich wünschte, sie hätten ein paar Ruder", sagte Marco, „und dann würde ich eine Mannschaft aus Jungen zusammenstellen und ihnen beibringen, wie man ein Kriegsschiff manövriert."

„Woher weißt du etwas darüber?" fragte Forester.

„ Oh , ich habe es in New York gelernt, in den Booten an der Battery."

„Nun", sagte Forester, „wir werden ein paar Ruder anfertigen lassen und eine Mannschaft zusammenstellen. Ich würde es gerne selbst lernen."

„Lass uns jetzt runtergehen und das Boot sehen", sagte Marco.

„Nein", antwortete Forester, „es ist jetzt Zeit, zum Abendessen zu gehen; aber wir kommen und sehen uns das Boot an, wenn wir das nächste Mal spazieren gehen."

Also kamen Marco und Forester den Hügel hinunter und gingen von dort über die Felder nach Hause zum Abendessen. Sie aßen um halb eins zu Abend, was Marco als eine sehr seltsame Stunde vorkam.

KAPITEL V.

STUDIEREN.

Das kleine Gebäude, in dem Foresters Vater sein Büro hatte, verfügte über ein kleines Hinterzimmer, das vom eigentlichen Büro aus zugänglich war und als Bibliothek und privates Arbeitszimmer genutzt wurde. Darin befand sich ein kleiner Kamin, und in der Mitte des Raumes stand ein Tisch, auf dem ein großer tragbarer Schreibtisch stand. Dieser Schreibtisch wurde aus Palisanderholz gefertigt. An den Seiten des Raumes standen Bücherregale. Es gab ein großes Fenster, das auf den Hof und den Garten dahinter blickte. Bei den Büchern in diesem Raum handelte es sich hauptsächlich um Rechtsbücher, es gab jedoch auch einige Geschichts- und Reisebücher sowie großartige Wörterbücher verschiedener Art. Forester führte Marco ein oder zwei Tage nach ihrer Ankunft im Dorf in dieses Zimmer und sagte:

„Hier, Marco, das soll unser Arbeitszimmer sein. Wie gefällt es dir?"

„Sehr gut", sagte Marco. „Es ist ein sehr angenehmer Raum. Soll ich all diese Bücher studieren?"

„Zumindest nicht mehr als einen auf einmal", sagte Forester.

„ *Das* ist wohl mein Platz", sagte Marco; Mit diesen Worten setzte er sich in einen großen Sessel vor dem tragbaren Schreibtisch, der offen auf dem Tisch stand.

Die Studie.

„Nein", sagte Forester, „das ist *mein* Platz. Ich werde Ihre Einrichtung in der Nähe des Fensters einrichten. James ist jetzt gegangen, um Ihren Schreibtisch zu holen."

Während er sprach, öffnete sich die Tür und James, der junge Mann, der bei Foresters Vater wohnte, kam herein und brachte einen Schreibtisch. Es war blau gestrichen und hatte vier Beine. Diese Beine waren so lang, dass der Schreibtisch gerade hoch genug für Marco war. James legte es auf Foresters Anweisung hin neben das Fenster. Es wurde mit der linken Seite zum Fenster hin platziert, so dass das Licht vom Fenster von links nach rechts über den Schreibtisch fiel. Dies ist die bequemste Richtung, um beim Schreiben Licht zu empfangen. Dann stellte Forester einen Stuhl vor den Schreibtisch, und Marco ging ins Haus, holte alle Bücher und Papiere heraus, die er hatte, und ordnete sie ordentlich auf seinem Schreibtisch. Während er weg war, holte Forester ein Tintenfass und einen Sandkasten aus einem Schrank neben dem Feuer, füllte beides und stellte sie auf den Schreibtisch. Außerdem legte er einen Vorrat Papier in Viertelblättern auf den Schreibtisch. Nachdem Marco zurückgekommen war und seine Bücher und Papiere eingelegt hatte, gab ihm Forester ein Lineal und einen Bleistift; außerdem eine Schiefertafel und ein halbes Dutzend Schieferstifte; außerdem ein Stück Schwamm und ein Stück Kautschuk. Er gab ihm außerdem ein kleines quadratisches Fläschchen und schickte ihn, es mit Wasser zu füllen, damit er immer Wasser zur Hand hatte, um seinen Schwamm damit zu benetzen.

„Ist das nun alles, was Sie wollen?" fragte Forester.

„Warum, ja, das sollte ich denken", sagte Marco. „Wenn ich noch etwas anderes möchte , kann ich dich fragen, weißt du. Du wirst hier bleiben und auch lernen?"

„Ja", sagte Forester; „Aber Ihre Frage an mich ist genau das, was ich vermeiden möchte. Ich möchte es so arrangieren, dass wir beide ohne Unterbrechung unsere Zeit für uns haben."

„Aber ich werde dir Fragen stellen müssen, wenn ich in Schwierigkeiten gerate", sagte Marco.

„Nein", sagte Forester, „das hoffe ich nicht. Ich möchte es so hinbekommen, dass Sie selbst aus der Schwierigkeit herauskommen. Mal sehen. Sie werden ein paar Stifte brauchen. Ich werde ein paar Federkiele besorgen und daraus Stifte machen." für dich."

„Was, eine ganze Menge?" sagte Marco.

„Ja", antwortete Forester. „Ich möchte nicht, dass Sie zu mir kommen, wenn ich mitten in einer Rechtsstreitigkeit bin, um mich dazu zu bringen, einen Stift anzufertigen."

Stahlstifte wurden damals nur sehr selten verwendet.

Während Forester die Stifte herstellte, sagte er:

„Ein Bündel enthält fünfundzwanzig Federkiele. Sobald sie fertig sind, werde ich sie zu zwei Bündeln à etwa einem Dutzend zusammenbinden. Diese legst du in deinen Schreibtisch. Wenn du einen Stift brauchst, zeichnest du." Nehmen Sie einen aus den Bündeln und verwenden Sie ihn. Sie dürfen sich nicht damit aufhalten, sie sich anzusehen und einen guten auszuwählen, sondern Sie müssen jeden nehmen, der zuerst zur Hand ist, denn wenn einer nicht gut sein sollte, erhalten Sie ihn umso schneller Wenn Sie es ausprobieren und ausprobieren und feststellen, dass es nicht gut ist, werden Sie es schneller aus dem Weg räumen.

„Na ja", sagte Marco, „und was soll ich mit den schlechten machen?"

„Wischen Sie sie sauber – Sie müssen übrigens einen guten Federwischer haben – und legen Sie sie dann an einer bestimmten Stelle in Ihrem Schreibtisch zusammen. Wenn Sie auf diese Weise ein Bündel verbraucht haben, binden Sie es zusammen und legen Sie das Bündel auf meinen Der

Schreibtisch muss repariert werden, und dann können Sie mit dem anderen Bündel fortfahren. Dies gibt mir die Möglichkeit, einen geeigneten Zeitpunkt zu wählen, um das erste Bündel erneut zu reparieren. Wenn ich sie repariert habe, werde ich sie zusammenbinden und auf Ihren Schreibtisch legen So haben Sie immer einen Vorrat an Stiften, und ich werde nie unterbrochen, um einen auszubessern. Das wird viel bequemer sein, sowohl für Sie als auch für mich. "

„Nur dass es noch viel mehr Stifte verbrauchen wird", antwortete Marco.

„Nein", sagte Forester; „Überhaupt nicht. Wir werden zwar mehr auf einmal verwenden, das ist wahr, aber der ganze Haufen kann so lange halten, als wenn wir nur einen Schnitt auf einmal hätten."

„Wir werden um neun Uhr mit dem Lernen beginnen", fuhr Forester fort, „und um zwölf aufhören. Dann haben Sie vor dem Abendessen eine halbe Stunde Zeit zum Herumlaufen und Spielen."

„Und eine Pause?" sagte Marco: „Ich sollte eine Pause machen."

„Es gibt ein Problem mit einer Pause", sagte Forester. „Ich werde jeden Tag daran denken, Ihnen zu sagen, wann es Zeit für die Pause ist und wann es Zeit ist, hereinzukommen."

„O nein", antwortete Marco, „ich kann herausfinden, wann es Zeit für die Pause ist. Lass es immer zehn Uhr sein und ich kann auf die Uhr schauen."

Marco verwies auf eine Uhr von Foresters Vater, die über dem Kaminsims in ihrem kleinen Arbeitszimmer hing.

„Ich halte es für wahrscheinlich, dass Sie herausfinden würden, wann die Pause beginnt ", sagte Forester, „aber Sie würden nicht so vorsichtig sein, was das Ende angeht. Sie würden sich auf das Spiel einlassen und vergessen, wie spät es ist." war vorbei, und ich hätte rausgehen und dich rufen müssen.

„Könnten Sie nicht eine kleine Glocke haben?" sagte Marco.

„Aber ich möchte nichts dergleichen zu tun haben", sagte Forester, „ich werde Sie jeden Morgen eine halbe Stunde unterrichten, beginnend um neun Uhr, und ich möchte, dass alles so arrangiert wird." , dass ich danach ganz mir selbst überlassen sein werde, damit ich mit meinen Studien weitermachen kann, ebenso wie Sie mit Ihren. Wenn uns das gelingt, dann werde ich am Mittag das Gefühl haben, dass ich es getan habe Meine Vormittagsarbeit ist gut, und Sie und ich können nachmittags alle möglichen Ausflüge unternehmen. Aber wenn ich den ganzen Vormittag damit verbringen muss, mich um Sie zu kümmern, muss ich zu Hause bleiben und mich nachmittags um meine eigenen Studien kümmern ."

„Nun", sagte Marco, „ich denke, ich kann herausfinden, wann ich reinkommen muss."

„Wir werden es ein oder zwei Vormittage versuchen, aber ich habe keine Ahnung, dass es Ihnen gelingen wird. Allerdings können wir den Plan aufgeben, wenn wir feststellen, dass Sie zu lange draußen bleiben. Möglicherweise haben Sie jeden Tag fünf Minuten Pause, um elf Uhr. Im Großen und Ganzen sollen es *zehn* Minuten sein. Und das soll dein Lernplan für den Morgen sein. Um neun Uhr werde ich dir eine halbe Stunde lang Unterricht geben. Dann darfst du eine halbe Stunde lang Rechnen lernen Stunde; schreiben Sie dann eine halbe Stunde; machen Sie dann eine Pause von zehn Minuten: Lesen Sie dann den Rest der letzten Stunde. Dann ist es zwölf Uhr.

„Aber ich kann nicht alleine Rechnen lernen", sagte Marco.

„Ja", sagte Forester, „ich werde Ihnen in der ersten halben Stunde, in der ich Ihnen meine Anweisungen gebe, zeigen, wie. Sind Sie nun wirklich bereit, zu versuchen, dieses System angenehm und erfolgreich in die Tat umzusetzen?"

„Ja", sagte Marco, „ich werde es versuchen."

„Wir werden zunächst auf einige Unannehmlichkeiten und Probleme stoßen, daran habe ich keinen Zweifel", sagte Forester; „Aber wenn wir geduldig und beharrlich sind, werden wir bald dafür sorgen, dass das System reibungslos funktioniert."

Forester sagte dann, dass Marco, da er vergessen könnte, was er jede Stunde tun müsse, eine Art Karte der Stunden anfertigen und in jede davon den Namen des Studiums eintragen würde, dem er nachgehen sollte. Dies nannte er einen Zeitplan. Der Zeitplan sah nach Fertigstellung wie folgt aus:

IX. X. XI. XII. | Anweisung. | Arithmetik. | Schreiben. | Aussparung. | Lektüre. |

Dieser Zeitplan war fein säuberlich auf ein Blatt Papier gezeichnet und mit Plättchen an der Unterseite des Deckels von Marcos Schreibtisch befestigt, so dass er ihn jederzeit beim Öffnen seines Schreibtisches einsehen konnte.

Es war am Nachmittag, als dieses Gespräch stattfand und diese Vorbereitungen getroffen wurden. Am nächsten Morgen um neun Uhr gingen Marco und Forester in das kleine Arbeitszimmer und Forester gab ihm seine Anweisungen. Er nahm seine Arithmetik und erklärte ihm, wie man einige Beispiele nach einer der Regeln ausführt. Forester führte ein oder zwei davon selbst durch und erklärte dabei alle Schritte sehr genau. Dann radierte er seine Arbeit aus und wies Marco an, sie auf die gleiche Weise selbst auszuführen. „Wenn es Ihnen gelingt, dies richtig zu machen ", sagte er, „können Sie sich einige andere der gleichen Art mit unterschiedlichen

Nummern zusammenstellen und diese ebenfalls ausführen. Wenn Sie auf Schwierigkeiten stoßen, dürfen Sie mich nicht fragen, aber Sie können es tun.“ Setze dir zusätzlich Summen und verbringe die restliche Stunde damit. Das schaffst du sicherlich auch ohne Hilfe.“

„Ja“, sagte Marco, „das kann ich.“

„Die nächste halbe Stunde ist zum Schreiben gedacht“, sagte Forester. „Ich werde dir ein paar Kopien geben.“

Also nahm Forester ein Schreibbuch, das er vorbereitet hatte, und schrieb Marco einige Exemplare, eines oben auf jeder Seite. Marco blickte ihn beim Schreiben an. Es ist sehr wichtig, dass ein Kind sieht, wie sein Lehrer seine Kopien schreibt, denn so sieht es, wie die Buchstaben geformt werden sollen. Forester schrieb vier oder fünf Exemplare für Marco, und während er sie schrieb , gab er ihm besondere Anweisungen, wie er seinen Stift halten und die Buchstaben formen sollte.

„Nun“, sagte Forester, „Sie können unmöglich Gelegenheit haben, wegen Ihres Schreibens zu mir zu kommen; denn hier sind genug Seiten, um mehrere Tage lang darauf zu schreiben, und Sie haben viele Stifte.“

„Aber ich denke, Sie möchten sehen, ob ich es gut schreibe“, sagte Marco.

„Ich werde es morgen früh sorgfältig untersuchen“, sagte Forester.

„Sehr gut“, sagte Marco; „Nach dem Schreiben kommt die Pause.“

„Ja“, sagte Forester, „und dann die Lesung.“

„Was soll ich lesen?“ fragte Marco.

Dann stand Forester auf und ging zu einem der Bücherregale, wo eine Reihe von Büchern mit dem Titel „American Encyclopedia“ stand. Die Sammlung umfasste dreizehn Oktavbände. Es war zu hoch, als dass Marco es erreichen konnte, und so nahm Forester alle Bände herunter und stellte sie auf ein niedrigeres Regal, nicht weit vom Fenster entfernt, an einem Ort, an dem Marco sie leicht erreichen konnte.

„Da“, sagte Forester; „Da ist Ihre Bibliothek. Die Amerikanische Enzyklopädie ist eine Art Wörterbuch. Wenn Ihre Lesestunde kommt, können Sie einen beliebigen Band dieser Enzyklopädie zur Seite nehmen und jeden Artikel aufschlagen, den Sie möchten. Oder Sie können sich ein beliebiges Thema ausdenken Wenn Sie beispielsweise über *Boot, Kanone, Kamel, Adler, Forelle, Pferd* oder ein anderes Thema lesen möchten, nehmen Sie den entsprechenden Band zur Hand und suchen Sie den Artikel. Sie können ihn anhand der Buchstaben auf der Rückseite finden der Bände.“

„Lass uns jetzt schauen", sagte Marco, „und sehen, was es über Forellen sagt ."

„Nein, nicht jetzt", antwortete Forester; „Wenn Ihre Lesestunde kommt, können Sie lesen, was Sie wollen. Sie müssen nur ein Blatt Papier zur Hand haben, den Titel jedes Artikels, den Sie lesen, darauf schreiben und es mir am nächsten Morgen zeigen, denn das werde ich tun." Ich möchte wissen, was Sie gelesen haben, und Sie vielleicht dazu befragen. Jetzt verstehen Sie doch Ihre Arbeit, nicht wahr?"

„Ja", sagte Marco; "Und was wirst du machen?"

„ Oh , ich werde meine Gesetzesbücher studieren."

„Sollst du hier bleiben und lernen?"

„Ja", antwortete Forester, „ich werde die meiste Zeit hier sein. Manchmal werde ich vielleicht aus geschäftlichen Gründen mit meinem Vater ins andere Zimmer gerufen; aber das muss für Sie keinen Unterschied machen."

„Nur dann wird es niemanden geben, der auf mich aufpasst", sagte Marco.

„ Oh , ich werde dich nicht beobachten, selbst wenn ich hier bin. Ich werde dir überhaupt keine Aufmerksamkeit schenken. Ich kann morgen früh beurteilen, wenn ich komme, um deine Arbeit zu besichtigen und dir neue Anweisungen zu geben, ob du ob du fleißig warst oder nicht.

„Selbst wenn ich zufällig sehe, dass du etwas falsch machst, werde ich wahrscheinlich nichts darüber sagen . Ich werde mich daran erinnern und morgen früh in meiner halben Stunde mit dir darüber sprechen. Ich werde alles in meiner Macht Stehende tun halbe Stunde."

Marco fühlte sich etwas erleichtert, als er dachte, dass er in seinem Studium keiner allzu strengen Beobachtung unterliegen würde.

„Ich erwarte nicht", sagte Forester, „dass Sie in den ersten paar Tagen sehr gut zurechtkommen werden. Es wird einige Zeit dauern, bis dieses System voll funktionsfähig ist erster Tag."

„ Oh nein", sagte Marco, „ich habe nicht vor, einmal zu dir zu kommen."

„ Das wirst du – ich habe keinen Zweifel. Was soll ich dir sagen, wenn du es tust? Wäre es ein guter Plan für mich, deine Frage zu beantworten?"

„Warum, nein", sagte Marco, „wahrscheinlich nicht."

„Und doch, wenn ich mich weigere zu antworten, wird es für Sie nicht sehr angenehm sein. Es wird Sie aus der Fassung bringen."

„Nein", sagte Marco.

„Ich werde Ihnen immer eine Antwort geben können", sagte Forester. „Es soll so sein: Handeln Sie nach Ihrem eigenen Urteil. Das wäre etwas höflicher, als Ihre Frage überhaupt nicht zu beachten, und doch wird unser Grundsatz gewahrt, dass ich Ihnen Nein geben soll. " Hilfe, außer in meiner halben Stunde. Dann werde ich außerdem Buch über die Anzahl der Fragen führen, die Sie mir stellen, und sehen, ob es nicht zehn sind.

Zu diesem Zeitpunkt war Foresters halbe Stunde abgelaufen und Marco ging zu seinem Schreibtisch.

„Eines muss ich noch sagen", sagte Marco, „bevor ich anfange: Darf ich das Fenster offen lassen?"

„Handeln Sie nach Ihrem eigenen Urteil", sagte Forester, „und es wird eine Frage gestellt." Also machte Forester eine Markierung auf einem Papier, das er auf dem Tisch hatte.

„Aber Cousin Forester, es ist nicht richtig, das zu zählen, denn ich hatte noch nicht damit begonnen."

Forester gab keine Antwort, sondern begann, seine Notizbücher zu ordnen, als ob er gerade mit seinen eigenen Studien beginnen würde. Marco sah ihn einen Moment lang an, dann stand er auf, öffnete sanft das Fenster und begann mit seiner Arbeit.

Marcos Schreibtisch.

Marco war es kaum gewohnt, allein zu lernen, und nachdem er eines der Beispiele vorgeführt hatte, die Forester ihm gegeben hatte, glaubte er, müde zu sein, und begann, aus dem Fenster zu schauen und mit seinem Bleistift zu spielen. Er legte seinen Bleistift auf die Oberseite seiner Schiefertafel und ließ sie herunterrollen. Da der Bleistift keine runde, sondern eine vieleckige Form hatte, machte er beim Herunterrollen ein merkwürdiges Klickgeräusch, das Marco amüsierte, Forester jedoch beunruhigte und beunruhigte. Was auch immer die schönen Besonderheiten im empfindlichen Mechanismus von Foresters Ohr und den damit verbundenen Nerven gewesen sein mögen, verglichen mit dem von Marco, durch den derselbe Ton auf einem Ohr ein Gefühl der Freude hervorrief, während er auf dem anderen nur Schmerzen verursachte Andererseits bräuchte es einen sehr profunden Philosophen, um es zu erklären. Aber die Wirkung war sicher. Forester sagte jedoch nichts, sondern ließ Marco seinen Bleistift so lange über die Schiefertafel rollen, wie er wollte.

Dies dauerte jedoch nicht lange; Marco hatte es bald satt und fing dann an, aus dem Fenster zu schauen. Auf der Fensterbank befand sich eine kleine Klammer, die zur Befestigung der Jalousie diente. Marco steckte die Spitze seines Bleistifts in diese Heftklammer, um zu sehen, ob sie durchgeht. Es ging tatsächlich augenblicklich durch, rutschte ihm durch die Finger und fiel aus dem Fenster.

„Meine Güte! Da liegt mein Bleistift. Mein Bleistift ist aus dem Fenster gefallen, Cousin Forester. Soll ich rausgehen und ihn holen?"

„Handeln Sie nach Ihrem eigenen Urteil", sagte Forester. Während er dies sagte, machte er noch einen weiteren Strich auf seinem Papier .

„Das solltest du nicht mitzählen, Cousin Forester", sagte Marco, „denn ich weiß nicht, ob du möchtest, dass ich diesen Bleistift hole oder einen anderen aus meinem Schreibtisch nehme."

„Handeln Sie nach Ihrem eigenen Urteil", antwortete Forester.

Marco sah verwirrt und besorgt aus. Tatsächlich war er ein wenig unzufrieden, als er feststellte, dass Forester ihm nicht antworten wollte. Er dachte, es handele sich um einen unvorhergesehenen Notfall, den Forester als Ausnahme von seiner Regel hätte betrachten sollen. Aber er musste die Frage selbst entscheiden und beschloss, seinen Bleistift zu holen. Es dauerte eine Weile, bis er es im Gras fand, und nachdem er es gefunden hatte, blieb er noch eine Weile stehen, um einige Ameisen zu beobachten, die am Eingang ihres Nestes ein- und ausgingen und jede ein Korn hervorbrachte Sand in seiner Pinzette. Als Marco hereinkam, stellte er fest, dass seine Rechenstunde so bald abgelaufen war, dass er keine Zeit mehr haben würde, eine weitere Rechnung fertigzustellen, wenn er damit beginnen sollte; Also legte er seinen Rechenapparat weg und holte sein Schreibbuch heraus.

Den ganzen Vormittag überging Marco im Großen und Ganzen auf die gleiche Art und Weise. Er verbrachte einen großen Teil seiner Zeit damit, aus dem Fenster zu schauen und sich im Zimmer umzusehen. Er ging damals in der Pause raus, blieb aber statt zehn Minuten zwanzig Minuten draußen. Als er eintrat, war er erstaunt, wie schnell die Zeit vergangen war. Dann nahm er einen Band der Enzyklopädie heraus und las bis zwölf Uhr. Dann ließ er den Band der Enzyklopädie und sein Schreibbuch auf seinem Schreibtisch liegen, sagte Forester, dass die Studienstunden vorbei seien, und ging weg.

Am nächsten Morgen um neun fragte ihn Forester, wie es ihm am Vortag ergangen sei. Marco hatte die Offenheit zuzugeben, dass er nicht besonders gut zurechtkam.

„Trotzdem", sagte Forester, „bin ich im Großen und Ganzen sehr zufrieden. Sie haben sich für ein erstes Experiment sehr gut geschlagen. Erstens haben

Sie sich wirklich Mühe gegeben, meinen Plan auszuführen. Sie haben die Stundenabrechnung eingehalten, und hast zum vereinbarten Zeitpunkt dein Studium gewechselt. Du hast nicht mehr als drei- oder viermal mit mir gesprochen, und dann hast du dich ziemlich gutmütig damit abgefunden, dass ich dir die Hilfe verweigert habe. Heute wirst du es besser machen, daran habe ich keinen Zweifel, und morgen noch besser. Und so habe ich große Zuversicht, dass Sie im Laufe einer Woche lernen werden, drei Stunden lang alleine zu lernen, und das mit großem Erfolg."

„Zweieinhalb Stunden sind es", sagte Marco.

„Ja", sagte Forester.

Es kam zu dem Ergebnis, was Forester vorhergesagt hatte. Marco, der feststellte, dass Forester bereit war, mit seinen Bemühungen zufrieden zu sein und sie zu loben, unternahm jeden Tag größere Anstrengungen, und im Laufe einer Woche begann er, ein sehr respektabler Schüler zu werden. Nachmittags schlenderte er herum, manchmal mit Forester, manchmal allein. Er fischte sehr gern, und Forester erlaubte ihm, bestimmte Teile des Flusses, wo das Wasser nicht tief war, allein zu befahren, im Vertrauen auf sein Wort, dass er sich strikt an die vorgeschriebenen Grenzen halten würde.

KAPITEL VI.

DAS HOLZKANU.

alles ein oder zwei Wochen lang sehr gut voran. Marco widmete sich immer mehr seinem Studium und interessierte sich immer mehr dafür. Allerdings geriet er oft in kleine Schwierigkeiten und machte seinem Onkel und seiner Tante Ärger; aber dann schien es ihm im Allgemeinen im Allgemeinen leid zu tun für die Unannehmlichkeiten, die er dadurch verursacht hatte, und er ertrug Tadel und Strafen, die sein Cousin für notwendig erachtete, mit so viel guter Laune, dass sie ihm alle bereitwillig seine Fehler vergaben Vergehen.

Eines Tages jedoch, etwa vierzehn Tage nach Beginn seines Studiums, wurde er durch den Einfluss einer besonderen Versuchung zu einer ziemlich schwerwiegenden Übertretung verleitet, die sehr schwerwiegende Folgen hätte haben können. Die Umstände waren diese. Er hatte sein Studium wie üblich begonnen, nachdem er von Forester seine halbstündige Anleitung erhalten hatte, und war gerade dabei, den Bruch 504/756 auf seine niedrigsten Werte zu reduzieren, als er zufällig aus dem Fenster schaute Ich sehe zwei Jungen, die in einiger Entfernung hinter dem Haus seines Onkels über einen Gartenzaun eines Nachbarhauses klettern. Es war ein sehr angenehmer Morgen und Marco hatte das Fenster geöffnet; so konnte er die Jungen sehr deutlich sehen. Sie blieben auf der anderen Seite des Zauns stehen, den sie überwunden hatten, und obwohl sie teilweise vom Zaun verdeckt waren, konnte Marco deutlich erkennen, dass sie dort eifrig damit beschäftigt waren, etwas zu tun, obwohl er sich nicht vorstellen konnte, was. Er wollte unbedingt hingehen und es sich ansehen; aber er wusste, dass es vergeblich sein würde, um Erlaubnis zu bitten, und so begnügte er sich damit, sie zu beobachten.

Genau in diesem Moment öffnete sein Onkel die Tür, die in das kleine Arbeitszimmer führte, und fragte Forester, ob er das Büro betreten würde. Forester tat es; und dann, nach ein paar Minuten, kam er zurück, stellte seine Bücher auf und sagte, dass er gehen müsse und dass er vielleicht erst mittags zurückkommen sollte. Marco war beim Lernen oft eine Zeit lang allein gelassen worden, aber noch nie zuvor einen ganzen Vormittag. Er wusste, dass er seine Arbeit genauso fortsetzen sollte, als wäre Forester geblieben. Also wünschte ihm Forester einen guten Morgen und ging dann weg.

Marco beobachtete die Jungs und fragte sich immer mehr, was sie tun könnten. Sie beugten sich immer wieder zu Boden und bewegten sich ein wenig, als würden sie Samen säen. Da es jedoch die völlig falsche Jahreszeit für solche Arbeiten war, kam Marco zu dem Schluss, dass sie etwas im Boden verstecken mussten. „Vielleicht", sagte er sich, „haben sie etwas Geld gestohlen und vergraben es. Ich wünschte, ich könnte hingehen und nachsehen."

Hätte es eine Tür gegeben, die direkt vom Arbeitszimmer in den Hof führte, hätte Marco sein Arbeitszimmer verlassen und wäre sofort hinausgegangen; aber so wie es war, konnte er nicht herauskommen, ohne durch das Büro zu gehen, in dem sein Onkel saß. Schließlich kam ihm der Gedanke, er könnte aus dem Fenster springen . Er zögerte etwas, diesen Schritt zu tun, aber schließlich kam er zu dem Schluss, dass er es tun und einfach nahe genug herangehen würde, um zu sehen, was die Jungen versteckten und wo genau sie es hinlegten, damit er hinterher hingehen und es draußen finden konnte scheitern. Er beschloss, sofort zurückzukehren.

„Ich werde nicht länger als fünf Minuten weg sein", sagte er sich, „und ich werde es mir für meine Pause gönnen."

So nahm er seine Mütze von dem Nagel, an dem er sie aufzuhängen pflegte, während er studierte, kletterte dann mit den Füßen voran aus dem Fenster und ließ sich sanft auf den Boden fallen. Dann schlich er schlau durch die Höfe und Gärten, bis er der Stelle, an der die Jungen arbeiteten, ziemlich nahe kam. Das Geheimnis wurde jedoch durch die nahe Betrachtung eher vergrößert als verringert. Er konnte aus den Operationen, mit denen sie beschäftigt waren, nichts anfangen; Und während er zögerte, näher zu gehen, blickte zufällig einer der Jungen auf und erspähte ihn. Marco hatte vorgehabt, sich hinter einem Baum zu verstecken, hinter dem er seinen Platz eingenommen hatte, aber der Junge blickte plötzlich auf, als er zufällig unvorsichtig war, und sah ihn, bevor er Zeit hatte, sich unter den Baum zurückzuziehen Deckung, die er gewählt hatte.

„Holloa, Marco", sagte der Junge, „komm her."

Marco war erstaunt über diese offene und offene Einladung. Er hatte damit gerechnet, dass die Jungen, als sie ihn sahen, sofort hinter den Zaun gesprungen wären, um sich zu verstecken, oder dass sie das, was sie seiner Meinung nach vergruben, eingeholt und weggelaufen wären. Ihre furchtlose Ansprache brachte seine Vorstellungen über ihr wahrscheinliches Ziel durcheinander und steigerte seine Neugier, zu erfahren, was sie taten. Also kam er aus seinem Versteck hervor und ging auf sie zu. Als er die Stelle erreichte, wurde das Rätsel plötzlich gelöst, als er herausfand, dass sie Würmer als Köder ausgruben, um angeln zu gehen.

Marcos Neugier verwandelte sich nun in eifriges Verlangen. Die Jungen erzählten ihm, dass sie zum Fluss hinuntergehen würden, um Aale zu fischen, und Marcos Seele brannte darauf, sie zu begleiten. Er hatte noch nie Aale gefischt. Er kannte die Jungs sehr gut und sie boten ihm an, ihm einen Haken und eine Leine zu leihen. Aber Marco meinte, dass es im Großen und Ganzen nicht gehen würde. Er versuchte sie zu überreden, bis zum Nachmittag zu warten, aber sie waren mit einer solchen Verschiebung ihres Vergnügens nicht einverstanden. Also wünschte Marco ihnen viel Glück und begann erneut, den Zaun zu erklimmen, mit der Absicht, wieder zu seinem Studium zurückzukehren.

Als er zum Büro blickte, sah er, wie sein Onkel durch die Tür hinten herauskam und auf das Haus zuging. Marco überlegte sofort, dass es ihm nicht gelingen würde, seinen Onkel zu treffen, und er stieg auf derselben Seite mit den Jungen wieder vom Zaun herab, bis sein Onkel zurückgehen würde. Die Jungen dachten, er sei zurückgekommen, weil er sich nicht sicher war, ob er mit ihnen gehen sollte oder nicht, und erneuerten ihre Einladungen mit doppelter Dringlichkeit. Marco antwortete nicht, sondern blickte unverwandt zum Haus. Er sah einen Mann mit einer kleinen Leiter in der Hand im Hof stehen. Einen Moment später kam Marcos Onkel aus dem Haus und zu Marcos großer Bestürzung bemerkte er, dass er eine Säge und ein Beil in der Hand hatte, und dann fiel ihm ein, dass sein Onkel vorgehabt hatte, an diesem Vormittag einige Bäume zu beschneiden. Die Bäume standen an verschiedenen Stellen im Hof, so dass Marco weder durch die Vordertür des Büros hineingehen noch durch das Fenster hineinklettern konnte, ohne entdeckt zu werden. Er weiß nicht was zu tun ist.

In der Zwischenzeit drängten ihn die Jungen, mit ihnen zu gehen. Sie wussten nichts über seine Studien und vermuteten, dass sein Zögern nur auf sein mangelndes Interesse am Ziel der Expedition zurückzuführen sei. Schließlich beschloss Marco zu gehen. Er vermutete, dass er erst gegen Mittag in sein Arbeitszimmer zurückkehren konnte, da er sich erinnerte, dass sein Onkel erwartete, den ganzen Vormittag mit dem Beschneiden beschäftigt zu sein. Er dachte daher, dass sich seine Chance, entdeckt zu werden, nicht erhöhen würde, wenn er ein oder zwei Stunden länger draußen bliebe, und sagte den Jungen, dass er gehen würde.

Als sie genügend Köder besorgt hatten, gingen sie zum Fluss. Ihr Weg führte sie nicht weit vom Haus weg, und sie befanden sich mehrmals in Situationen, in denen sie sichtbar waren, für den Fall, dass Marcos Onkel zu ihnen geschaut hatte. Marco schaffte es jedoch, an diesen Orten so vorbeizugehen, dass er sich so weit wie möglich vor den Blicken der anderen Jungen verbarg; und außerdem hoffte er, dass sein Onkel zu sehr mit dem Beschneiden beschäftigt war, um zu bemerken, welche Jungen im Dorf umherstreiften. Auf diese Weise überquerten sie die Straße und gingen dann über die Zwischenräume zum Fluss hinab. Marco war ziemlich erleichtert, als er sah, dass sein Onkel unbeirrt bei seiner Arbeit blieb, die Leiter hielt, damit der andere aufsteigen konnte, oder selbst niedrige Äste absägte, ohne die Jungen überhaupt zu bemerken.

Der Fluss hatte einen gewundenen Lauf und seine Ufer waren an manchen Stellen steil, an anderen niedrig und sandig. Das Wasser war im Allgemeinen flach, aber an manchen Stellen war es tief – besonders unter den hohen Ufern. An vielen Stellen standen Weiden und Ulmen, die über das Wasser hinausragten. An einem dieser Orte wollten die Jungen Aale fischen. Es war eine Stelle, an der der Fluss eine plötzliche Kurve machte und eine Art Winkel im Bach bildete, wo das Wasser sehr dunkel und tief war. Das Ufer war an dieser Stelle hoch und mit Bäumen und Büschen bedeckt. Einige dieser Bäume waren untergraben worden und ihre Wurzeln und Äste schwammen im Wasser. Die Jungen kletterten zum Rand hinunter und machten sich zum Angeln bereit. Sie schnitten dünne Stangen in die Büsche, um daraus Angelruten zu machen. Am Ufer lag ein Baumstamm, der schräg ein wenig über das Wasser hinausragte und ihnen einen bequemen Halt bot. Sie standen oder saßen darauf, befestigten ihre Haken mit Ködern und warfen sie ins Wasser. Sie verfolgten den Köder mit ihren Augen, während er langsam in die dunkle Tiefe sank, zwischen Baumstämmen, Wurzeln und Baumstämmen, die im Wasser versunken lagen.

Die Jungen blieben eine Stunde hier, aber sie fingen keine Aale. Entweder waren keine da, oder aus irgendeinem Grund beschlossen sie, nicht zu beißen. Sie unterhielten sich darüber, an einen anderen Ort zu gehen, aber bevor sie sich für diesen Plan entschieden, wurde Marcos Aufmerksamkeit durch den Anblick eines scheinbar großen Baumstamms gefesselt, der den Fluss hinuntertrieb. Er zeigte es den anderen Jungen, und als sie genauer hinsahen, sahen sie, dass es sich um ein altes Kanu handelte, wie man es durch Aushöhlen eines Baumstamms formt. Es war nicht sehr groß und schien ziemlich alt und heruntergekommen zu sein. Trotzdem wollten die Jungs es unbedingt haben. Sie versammelten sich in ihren Reihen und rannten am Ufer entlang, wobei sie mit dem Boot Schritt hielten, während es herabtrieb.

Boot treibt.

Sie gelangten sehr bald an die Stelle des Flusses, das heißt an einen Abschnitt zwischen einer Biegung und der anderen, wo das Wasser schnell und flach war. Also zogen die beiden Jungen, die mit Marco gefischt hatten, ihre Schuhe aus, zogen ihre Hosen hoch und rannten das Ufer hinunter und in den Fluss. Das Boot lag weit draußen im Bach, und sie mussten ein Stück waten, bevor sie es erreichten. Da das Boot außerdem die ganze Zeit über schwamm, während sie hinüberwateten, legte es ein Stück flussabwärts zurück, bevor sie es erreichen konnten. Endlich gelang es ihnen jedoch, es zu bekommen, und unter viel Gezappel im Wasser und viel Gelächter brachten sie es zu Marco.

Marco freute sich sehr über den Preis. Es war in einem besseren Zustand, als sie erwartet hatten. Tatsächlich war an einem Ende nahe der Oberkante ein Stück ausgeschlagen, aber sie stellten fest, dass es alle drei Jungen tragen würde, wenn sie vorsichtig darin saßen und ihr Gewicht hauptsächlich auf das andere Ende verlagerten. In Ermangelung von Rudern oder Paddeln schnitten sie Stangen an den Ufern ab, weil sie dachten, sie könnten das Boot vorantreiben, indem sie die Stangen auf dem Grund verankerten, da das Wasser nicht tief war. Sie zogen das Boot ans Ufer und schütteten etwas

Wasser aus, das in das Boot gelangt war, und dann begaben sie sich alle vorsichtig an Bord, in der Absicht, eine kleine Reise zu unternehmen.

Es kam vor, dass das Wasser direkt unterhalb der Stelle, an die das Boot vor dem Überholen getrieben war, etwas tiefer und natürlich glatter und ruhiger wurde, so dass es einen günstigen Ort zum Navigieren eines solchen Bootes bot. Tatsächlich war der Charakter des Baches während seines gesamten Laufs über mehrere Meilen durch eine ständige Abfolge von Veränderungen gekennzeichnet, von tiefem und fast stillem Wasser zu flachen und schnellen Strömungen, die sich über Sand- und Kiesbetten kräuselten. Eine dieser Stromschnellen oder Stromschnellen, wie sie genannt wurden, hatten die Jungen gerade passiert; In einem von ihnen, obwohl einer breiter und weniger schnell als viele der anderen, hatten sie das Boot verfolgt und eingeholt. Im glatten und ruhigen Wasser unten hatten sie daher eine sehr günstige Gelegenheit, ihr Boot auszuprobieren, denn das Wasser war zwar nicht so flach wie oben, aber dennoch nicht so tief, dass sie ihr Boot nicht durch Schieben vorantreiben konnten Stangen gegen den Boden. Es erforderte einige Sorgfalt, ihr Gleichgewicht zu bewahren, aber das Wasser war nicht tief und sie wussten daher, dass keine Gefahr bestand, zu ertrinken, wenn sie sich aufregen sollten.

Die Dinge gingen sehr gut voran, bis die Jungen nach ein paar Minuten plötzlich in tieferes Wasser trieben. Ihre Stangen würden kaum den Boden berühren. Marco, der mit dieser Art der Navigation nicht so vertraut war, war zunächst etwas beunruhigt, aber die anderen Jungen sagten ihm, er solle ruhig sein, denn sie würden bald wieder ins seichte Wasser abdriften. Sie zogen daraufhin ihre Angelruten ein und begannen, über den Bootsrand ins Wasser zu schauen, um zu sehen, ob sie Aale sehen könnten. Sie sahen keine Aale, aber das Wasser begann bald wieder flacher zu werden, und so blieben die Jungen, die das Gefühl hatten, dass keine Gefahr für sie bestand, ruhig an ihren Plätzen, schauten träge ins Wasser und redeten über die verschiedenen Gegenstände, die sie auf dem Wasser sahen unten.

Nachdem er einige Minuten auf diese Weise verbracht hatte, schaute einer der Jungen den Bach hinunter und sah, dass sich das Boot allmählich einer anderen Stromschnelle näherte.

„Kommt, Jungs", sagte er, „wir müssen zur Arbeit gehen, sonst stürzen wir in die Tiefe."

Also nahmen die Jungen alle ihre Stöcke und begannen, das Boot den Bach hinaufzuschieben; aber es fiel ihnen schwerer, als sie erwartet hatten. Tatsächlich war das Boot näher an die Stromschnellen gedriftet, als man es hätte passieren lassen sollen. Das Wasser floss dort, wo sie waren, ziemlich schnell, und sie stellten bald fest, dass alle ihre Bemühungen nicht ausreichten, um die Strömung einzudämmen. Das Boot wurde in alle

Richtungen herumgetragen, außer flussaufwärts. Tatsächlich erlangte die Strömung rasch die vollständige Kontrolle über sie und trieb sie bis zu einem Punkt hinab, wo das Wasser in einem wütenden Strom durch einen langen, schmalen Durchgang zwischen Stein- und Kiesbetten ergoss .

„Zieht, Jungs, zieht!" sagte Marco; „Wir werden trotz allem untergehen ."

Die Jungs haben zwar gezogen, aber sie konnten nichts bewirken . Das Wasser riss sie mit großer Geschwindigkeit mit sich, trotz all ihrer Kämpfe. Als sie schließlich feststellten, dass es ihnen nicht möglich war, den Strom hinaufzusteigen, beschlossen sie, ans Ufer zu ziehen. Sie hatten keine große Angst, denn der Fluss war sehr schmal und die Stromschnellen reichten nicht mehr als knietief, so dass keine wirkliche Gefahr einer größeren Katastrophe bestand, als völlig durchnässt zu werden. Sie schienen auch auf einem guten Weg zu sein, dem zu entgehen, denn sie stellten fest, dass sie einige Fortschritte machen konnten, ihr Boot an die Küste zu bringen. Doch gerade als sie glaubten, ihr Ziel sei bald erreicht, wurden sie durch ein plötzliches Missgeschick aufgehalten. Es kam vor, dass es im Fluss fast in der Richtung, in die sie gingen, einen kleinen Baumbestand gab. Es war das Ende eines kleinen Baumstammes, der fast bis zur Wasseroberfläche reichte. Der größte Teil des Baumstamms war fest im Sand verankert, aber ein kleiner Teil davon ragte so weit heraus, dass er kaum untergetaucht war. Die Jungen bemerkten dies nicht, und in ihrem Eifer, das Boot an Land zu bringen, passierte es, dass sie es direkt über diesem Baumstuck quer über die Strömung ließen. Aber da die Strömung sie den Bach hinabtrieb und sie sich gleichzeitig darüber drängten, trieb sie das Boot mit großer Kraft gegen diesen Baumstummel. Der Boden des Bootes wurde dadurch eingeengt, während die Kraft der Strömung, die immer noch auf die Seite drückte, es in einem Moment umkippte und alle Jungen ins Wasser warf.

Die Jungen kletterten ohne große Schwierigkeiten heraus und blieben am Kiesstrand stehen. Im selben Moment sahen sie oben am Ufer des Flusses einen Mann, der aussah, als wollte er ihnen zu Hilfe eilen; Doch als er sah, dass sie in Sicherheit waren, drehte er sich sofort um und verschwand. Einen Augenblick später stellte Marco fest, dass seine Mütze nicht auf seinem Kopf war, schaute sich nach ihr um und sah zu seiner Bestürzung, wie sie schnell die Stromschnellen hinuntertrieb. Er lief ins Wasser und ergriff das Boot, das nun ebenfalls zu verschwinden begann. Er forderte die Jungen auf, ihm beim Hochziehen und Ausgießen des Wassers zu helfen. Dann schleuderte er es mit voller Geschwindigkeit erneut aus, ergriff eine der Stangen, kletterte hinein, stieß sich in die stärkste Stelle der Strömung hinein und machte sich auf den Weg, um seiner Mütze nachzujagen.

Kappe weg.

Er griff zu dieser verzweifelten Maßnahme, weil ihn der Gedanke, ohne Mütze nach Hause zu gehen, sehr beunruhigte. Es hätte sicherlich seine Entdeckung und, wie er annahm, eine doppelte Bestrafung sichergestellt. Er wollte nun genauso gern die Stromschnellen hinabsteigen wie zuvor, um ihnen zu entkommen. Seine einzige Sorge bestand darin, den Kopf seines Bootes unten zu halten, damit er nicht mit der Breitseite auf ihn geschleudert würde, wenn er auf einen Haken oder einen Stein stoße. Auch nach vorne hielt er gut Ausschau. Das Boot schoss wie ein Pfeil durch das Wasser und war bald von den Stromschnellen im vergleichsweise ruhigen Wasser darunter befreit.

Marco schaffte es, mit seiner Stange zu paddeln, um die Kappe zu überholen und wiederzugewinnen. Dann ging er zum Ufer und landete. Er zog das Boot so hoch wie möglich und ging zurück, um die anderen Jungen zu suchen. Er kam zu dem Schluss, dass es Zeit war, nach Hause zu gehen. Sein Gewissen fing nun an, ihm das Unrecht vorzuwerfen, das er getan hatte. Sein versprochenes Vergnügen war ausgeblieben. Seine Kleidung war nass und unbequem. Sein Geist war besorgt und unglücklich. Schweren Herzens machte er sich auf den Rückweg, sicher, zu Hause entdeckt zu werden und bestraft zu werden. Allerdings fürchtete er sich nicht so sehr vor der Bestrafung als vielmehr vor dem berechtigten Unmut, den sein Cousin zum Ausdruck bringen würde, und vor dem Beweis für den Schmerz, den dieser, wie er wusste, erleiden würde, wenn er erfuhr, wie sein Schüler sein bisheriges Selbstvertrauen verraten hatte ruhte in ihm. Bevor er jedoch nach Hause ging, zog er die Kleidungsstücke aus, die am nassesten waren, wrang das Wasser aus, so gut er konnte, und zog sie dann wieder an.

Als er sich dem Haus näherte, erwartete er, seinen Onkel noch bei der Arbeit zu sehen, aber er war nicht da. Marco erkundete den Ort sorgfältig und ging dann ins Büro. Sein Onkel war nicht im Büro. Er ging ins Arbeitszimmer. Er hatte Angst, dass Forester dort sein würde, aber zu seiner Überraschung und Freude war er nicht da, und es gab kein Anzeichen dafür, dass er seit dem Morgen dort gewesen war. Marco schaute auf die Uhr und stellte fest, dass es erst etwa halb elf war. Also nahm er einen Band der Enzyklopädie zur Hand und begann zu lesen. Er las den Artikel *Kanu* und fand einige Informationen über die von Indianern hergestellten Rindenkanus, aber nichts über Holzkanus. Nach etwa fünfzehn Minuten hörte er, wie sich die Bürotür öffnete und sein Cousin Forester hereinkam. Forester ging ins Arbeitszimmer, sagte aber nichts zu Marco. Marco blieb bei seiner Arbeit, ohne mit seinem Cousin zu sprechen. Er begann zu hoffen, dass er noch entkommen könnte. Seine einzige Angst bestand jetzt darin, dass seine nassen Kleider beobachtet werden könnten. Er legte seine Hand viele Male auf die Knie, um festzustellen, wie schnell sie trockneten. Die Kleidung, die er trug, war aus Wolle und von dunkler Farbe, so dass die Nässe nicht deutlich sichtbar war, und außerdem waren die Sonne und die Luft an diesem Tag warm und die Kleidung war schnell getrocknet. Mit einem Wort, als es zwölf Uhr war und Marco seine Bücher wegräumte, hätte niemand bemerkt, dass seine Kleidung nass war. Bis zum Abendessen lief er im Freien umher, und obwohl ihn, als er zum Abendessen hineinging, von einem Gefühl der Schuld und Selbstverurteilung bedrückt wurde, war er zufrieden, dass ihn niemand verdächtigte. Marco glaubte, dass er eine sehr glückliche Flucht gehabt hatte.

KAPITEL VII.

EIN DILEMMA.

Obwohl Marco zunächst erleichtert war, als er feststellte, dass er unbemerkt von seinem Schulschwänzen zurückgekommen war, fühlte er sich doch unwohl. Er hielt sich außer Sichtweite, bis die Glocke zum Abendessen läutete, und hatte dann fast Angst, hineinzugehen, aus Angst, sein Onkel könnte durch einen Zufall seine Abwesenheit bemerkt haben und ihn etwas darüber fragen. Normalerweise war er beim Abendessen sehr daran interessiert, mit Forester über Pläne für den Nachmittag zu sprechen; aber jetzt fühlte er sich schuldig und hatte Angst, und er hatte keine Lust, seinem Onkel oder Cousin ins Gesicht zu sehen oder ein Wort zu sagen.

Und doch war es keine Bestrafung, vor der Marco Angst hatte. Es gab nur sehr wenige Jungen, die Strafen jeglicher Art standhafter ertragen konnten als er oder denen der Gedanke an Bestrafung weniger Sorgen bereitete. Es war die Entdeckung selbst und nicht das, was danach kommen würde, das er fürchtete. Es liegt etwas in der Tat, in der Schuld entdeckt und entlarvt zu werden, vor der das Herz instinktiv zurückschreckt; und mancher Junge würde bereitwillig im Verborgenen das Doppelte des Schmerzes ertragen, den die Bestrafung einer Straftat mit sich bringen würde, als dass seine Begehung der Straftat entdeckt und bekannt gemacht würde.

Am Esstisch gab es jedoch keinen Hinweis darauf, dass Marcos Cousin oder Onkel ihn eines Unrechts verdächtigte. Sie sprachen in gewohnter Weise über verschiedene Themen. Forester hatte mit Marco vereinbart, an diesem Nachmittag zum Mühlenteich hinunterzugehen, das Boot zu untersuchen, um zu sehen, ob es mit Rudern ausgestattet werden könne, und entsprechende Vereinbarungen zu treffen. Marco hoffte nun, dass Forester diesen Plan vergessen hatte und nicht gehen würde. Obwohl ihn der Plan am Tag zuvor sehr interessiert hatte, verspürte er nun keine Lust mehr, hinzugehen. Er wünschte sich, allein zu sein oder zumindest außer Sichtweite von Forester. Es kam ihm so vor, als hätte er ein schreckliches Geheimnis im Kopf und die Gefahr sei groß, dass irgendetwas passieren würde, um es zu entdecken. Daher hoffte er, dass Forester den Termin vergessen hatte und er daher auf einen späteren Zeitpunkt verschoben werden würde.

Aber Forester hatte es nicht vergessen; und nach dem Abendessen fragte er Marco, wann er bereit sein sollte zu gehen. Marco sagte, dass er jederzeit bereit sein sollte; und in etwa einer halben Stunde machten sie sich auf den Weg. Sie gingen zusammen zum Mühlenteich. Forester sagte, dass das Boot einem Mann gehörte, der in den Mühlen arbeitete, aber etwas weiter oben wohnte. Sein Haus lag in der Nähe des Wassers, in einem kleinen Tal. Das

Wasser des Teiches erstreckte sich bis in dieses Tal und bildete eine Art
Bucht.

Das
Millman's House.

Eine Straße führte zum Haus, führte aber nicht darüber hinaus. Das Haus
war klein, aber es hatte hübsche kleine Höfe und Gärten und verschiedene
Ställe und Ställe für verschiedene Tierarten. Der Mann, der dort lebte, war
berühmt dafür, viele Tiere zu halten. Er hatte Schweine und Kühe und
Malteserkatzen und zwei Hunde – einer davon ein Wasserhund – und Enten
und Gänse – darunter zwei Wildgänse – sowie Hühner und Kaninchen; und
da waren zwei graue Eichhörnchen, die in einem Käfig neben der Haustür
hingen. Forester erzählte Marco im Gehen von diesen Tieren.

Marco liebte Tiere sehr und begann, große Freude daran zu haben, sie zu
sehen. Als sie sich dem Haus näherten, rannte er los, um sich die Wildgänse
anzusehen. Der Wasserhund rannte Forester entgegen. Er kannte Forester,
da er ihn schon oft dort gesehen hatte. Forester und Marco schlenderten
durch die Höfe, betrachteten die Tiere eine Weile und gingen dann zum Ufer,
das ganz in der Nähe des Hauses lag. Die Enten und Gänse schwammen im
Wasser. Forester rief den Hund herbei, und Marco vergnügte sich eine Zeit

lang damit, Stöcke ins Wasser zu werfen und dem Hund, dessen Name Nelson war, zu befehlen, hineinzuspringen und zu gehen und sie zurückzubringen. Dort lag auch das Boot, mit einem Seil an einem Pfosten am Ufer befestigt. Nachdem Marco sich endlich mit diesen Vergnügungen zufrieden gegeben hatte, sagte er:

„Nun, Cousin Forester, hier ist das Boot."

„Ja", sagte Forester, „aber der Mann scheint nicht zu Hause zu sein. Ich nehme an, er ist in der Mühle."

„Und was sollen wir in diesem Fall tun?" fragte Marco.

„Also, ich werde zuerst ins Haus gehen, die Tatsache feststellen und ein Paddel holen."

Also ging Forester ins Haus und kehrte bald darauf zurück und brachte ein Paddel mit. Er sagte, dass der Mann in der Mühle sei, aber seine Frau sagte, dass sie vielleicht das Boot hätten, um ihn zu finden. „Ich dachte", sagte Forester, „dass du lieber mit dem Boot gehst, als zu Fuß zu gehen."

„Ja", sagte Marco, „das sollte ich."

„Außerdem", fuhr Forester fort, „kann ich dir das Paddeln beibringen."

Marco nahm Forester das Paddel aus der Hand. Er hatte noch nie einen gesehen. Er sagte, dass sie im New Yorker Hafen immer Ruder und keine Paddel benutzten. Ein Paddel hat eine ganz andere Form als ein Ruder. Es ist viel kürzer und leichter, obwohl die Klinge breiter ist. Auch ein Paddel funktioniert anders als ein Ruder. Ein Ruder fungiert als Hebel an der Seite des Bootes – die Mitte des Ruders ruht in einer kleinen Kerbe, die als Ruderschloss bezeichnet wird, oder zwischen zwei Holzstiften. Aber ein Paddel wird vollständig in den Händen gehalten.

„Wozu gibt es in diesem Land Paddel?" sagte Marco. „Ruder sind besser."

„Sie sind nicht kompetent, diese Frage zu entscheiden", antwortete Forester.

"Warum nicht?" sagte Marco; „Ich bin schon oft Boote gerudert."

„Ja, aber du bist noch nie viel gepaddelt. Du hast Ruder benutzt, aber keine Paddel, und deshalb kannst du sie nicht vergleichen."

„Nun", sagte Marco, „ich habe vor, dieses Paddel jetzt auszuprobieren, dann weiß ich es."

Marco hatte gesehen, wie die Jungen, die an diesem Morgen mit ihm im Boot waren, ihre Stangen als Paddel benutzten, und er selbst hatte eine der Stangen auf diese Weise benutzt; und er war gerade im Begriff, etwas zu diesem Thema zu sagen, als ihm plötzlich einfiel, dass es ihn verraten würde.

Tatsächlich stellte Marco fest, dass es eine Quelle großer Verlegenheit und
Einschränkung war, ein solches Geheimnis im Kopf zu haben, da er mehr
als einmal nahe daran war, unbeabsichtigt eine Anspielung zu machen, die zu
seiner Enttarnung geführt hätte. Während er von Booten, Rudern, Paddeln
und dergleichen sprach, musste er ständig auf der Hut sein und auf alle seine
Worte achten.

Paddeln.

Sie stiegen ins Boot und stürmten hinaus aufs Wasser. Forester brachte
Marco den Umgang mit dem Paddel bei. Er gab ihm seinen Platz am Heck
des Bootes und wies ihn an, mit der anderen Hand das untere Ende des
Griffs zu fassen. Dann wurde das Boot vorwärts getrieben, indem das Blatt
ins Wasser getaucht und das Wasser zurückgedrückt wurde. Er erklärte ihm
auch, wie er durch Drehen des Paddelblatts in die eine oder andere Richtung
dem Bug des Bootes einen Impuls nach rechts oder links geben konnte.

„Sie sehen also ", sagte Forester, „mit einem Paddel kann man steuern, aber
mit einem Ruder nicht ."

„Mit zwei Rudern schaffe ich es", sagte Marco.

"Ja." antwortete Forester. „Man muss zwei Ruder haben, um ein Boot zu führen, aber man kann es auch mit einem Paddel tun. Wenn man also nur eines haben kann, ist ein Paddel besser als ein Ruder. Ein Paddel hat noch einen weiteren Vorteil, nämlich die Verwendung." es, dein Gesicht sieht so aus, wie du gehst.

„Ja", entgegnete Marco, „das ist ein großer Vorteil."

„Beim Rudern muss man mit dem Rücken zum Bug des Bootes sitzen und über die Schulter schauen, um zu sehen, wohin man geht."

„Ja", sagte Marco, „es sei denn, Sie haben einen Steuermann."

„Stimmt", antwortete Forester. „Wenn Sie mehrere Männer zum Rudern und einen zum Steuern haben, kommen Sie mit Rudern sehr gut zurecht, aber wenn Sie nur einen Mann haben, ist ein Paddel von Vorteil. Es gibt noch einen weiteren Punkt, der berücksichtigt werden muss : a Paddel eignen sich besser für schmale Boote und Ruder für breite Boote.

„Warum?" fragte Marco.

„Weil", sagte Forester, „in einem Boot eine gewisse Breite erforderlich ist, damit die Ruder gut funktionieren. Der Ruderer muss auf dem Sitz sitzen und das Ruder auf einer Seite des Bootes ausfahren, und es muss ein gewisser Abstand vorhanden sein." zwischen dem Teil, den er ergreift, und der Ruderverriegelung, um vorteilhaft zu arbeiten. Aber es spielt keine Rolle, wie schmal das Boot ist, wenn er ein Paddel hat, denn er hält es senkrecht über die Seite."

„ Also sind Paddel besser", sagte Marco, „für einen Bootstyp und Ruder für einen anderen."

„Ja", antwortete Forester, „und Paddel eignen sich besser für die eine Art der *Navigation* und Ruder für eine andere. Ruder benötigen zum Arbeiten eine größere Wasserbreite. In einem schmalen, krummen Bach, der zwischen Baumstämmen und Felsen fließt, würden Ruder nicht antworten." alle. Aber mit einem Paddel kann ein Mann ein Boot überall hinbewegen."

„Das heißt, wenn es nur breit genug ist, dass das Boot hineinpasst", sagte Marco.

„Natürlich", antwortete Forester. „Das Paddel selbst benötigt keinen zusätzlichen Platz. Die Ruder reichen aber so weit seitlich"--

"Seitlich?" fragte Marco.

„Ja", erwiderte Forester; „Das heißt, auf jeder Seite. Ruder erstrecken sich auf jeder Seite so weit, dass sie eine große Wasserfläche benötigen. Wenn Sie versuchen, durch eine enge Stelle zu gelangen, würden die Ruder aufschlagen."

„Warum, nein", sagte Marco. „Sie können Schlepprudern Befehle erteilen."

Darüber weiß ich nichts " , sagte Forester.

„Das ist ein wunderschönes Manöver ", sagte Marco, „nur ist es schwer zu machen. Sehen Sie, Sie befehlen ihnen kräftig nachzugeben, um einen guten Weg zu finden, bis Sie gerade an der engen Stelle ankommen, und ziehen dann nach. " ist das richtige Wort. Dann peitschen die Ruderer im Handumdrehen alle ihre Ruder aus den Ruderschlössern und lassen sie unter den Bootsbänken entlangziehen, und sie schießt wie ein Vogel durch die enge Stelle."

Marco beschrieb dieses Manöver mit großer Begeisterung , aber Forester bekam schließlich keine klare Vorstellung davon.

„Sie werden es uns beibringen", sagte Forester, „wenn wir unsere Ruder und eine gute Bootsbesatzung aus Jungen haben. Auf jeden Fall kann ein Boot kontinuierlich besser durch einen engen Raum gepaddelt werden, als es gerudert werden kann. Deshalb." Paddel werden im Allgemeinen auf Flüssen verwendet, wo es viele enge Stellen zum Durchqueren gibt. Indianer und Wilde benutzen fast immer Paddel, da sie viele komplizierte und enge Wasserpassagen befahren."

Zu diesem Zeitpunkt begannen sie, sich der Mühle zu nähern. Sie landeten in der Nähe einiger großer Baumstämme, die im Wasser schwammen und bereit waren, in die Mühle gezogen und gesägt zu werden. Sie gingen das Ufer hinauf und von dort in die Mühle. Der Mann, dem das Boot gehörte, kümmerte sich um die Mühle. Wenn er einen Baumstamm brauchte, nahm er das Ende einer langen Kette eine schräge Plankenebene hinunter, die zum Wasser führte, und befestigte es an einem Baumstamm. Das andere Ende der Kette wurde um eine Achse in der Mühle befestigt, und wenn alles fertig war, setzte der Mann die Achse durch die Maschine in Bewegung, und diese zog den Baumstamm hoch. Wenn der Baumstamm in der Mühle war, rollte ihn der Mann an seinen Platz auf einer langen Holzplattform, wo er gesägt werden sollte. Dann setzte er die Sägemaschine in Bewegung, und die Plattform begann sich vorwärts zu bewegen, und gleichzeitig bewegte sich die Säge auf und ab und sägte dabei den Stamm ab. So sägte es den Baumstamm von einem Ende zum anderen durch, und dann wurde der Baumstamm durch Umkehrung der Bewegung der Maschine wieder zurückbefördert. Der Mann schob es dann ein wenig zur Seite, gerade weit genug für die Dicke des Bretts, das er herstellen wollte, und begann dann erneut zu sägen. Er bewegte den Baumstamm mit Hilfe einer Eisenstange mit einer scharfen Spitze, die er in das Ende des Baumstamms schlug, und hebelte ihn so Stück für Stück um. Als der Stamm an seine neue Position gebracht wurde, wurde die Maschine wieder in Gang gesetzt und der Stamm an einer anderen Stelle von einem Ende zum anderen parallel zum ersten Sägeschnitt durchgesägt, wobei die Breite eines Brettes dazwischen blieb. Dieser Vorgang wurde fortgesetzt, bis der Stamm vollständig in Bretter gesägt war, mit Ausnahme eines Stücks in der Mitte, das doppelt so dick bleiben musste und das einem Brett entsprach.

Marco war sehr daran interessiert, diesen Vorgang zu beobachten, und als das Sägen dieses Baumstamms abgeschlossen war und ein weiterer Baumstamm an seine Stelle gezogen wurde, brachte Forester das Thema des Bootes vor. Er erzählte dem Mann, was er tun wollte, nämlich einige Ruderschlösser oder Thole-Pins an den Seiten des Bootes anbringen zu lassen und einige Ruder, mit denen man es rudern konnte. Es wäre auch notwendig, Sitze oder Ruderbänke, wie sie genannt werden, so zu platzieren, dass sich unmittelbar vor jeder Reihensperre eine befindet. Auf diesen Sitzen saßen die Ruderer beim Rudern. Der Mann sagte Forester, dass er mit dem Boot machen könne, was er wollte. Er war sich sicher, dass Forester dabei keine Verletzungen verursachen würde. Forester fragte ihn, wer ein guter Mann für die Arbeit wäre, und der Mann empfahl ihm einen Wagenbauer, der ganz in der Nähe der Mühle ein Geschäft hatte.

Sie gingen zum Wagenbauer und erklärten ihm, was sie wollten. Der Wagenbauer übernahm bereitwillig die Arbeit. Sie gingen alle zusammen zum Boot hinunter, um die Sitze und die Plätze für die Thole-Pins zu planen. Sie kamen zu dem Schluss, dass es auf jeder Seite drei Paare gab. Dafür wären sechs Ruder erforderlich. Der Wagenbauer versprach, diese Ruder anzufertigen und die gesamte Arbeit bis Anfang der nächsten Woche erledigen zu lassen. Sie kamen außerdem zu dem Schluss, das Boot aus dem Wasser zu nehmen und erneut gründlich zu verkalken, wobei der Boden des Bootes mit Pech *überzogen wurde* , da es nicht ganz dicht war. Nachdem alles geklärt war, machten sich Forester und Marco auf den Weg nach Hause.

„Es kommt mir seltsam vor, einen Wagenbauer auf einem Boot arbeiten zu lassen", sagte Marco.

„Ich nehme an, dass Sie in New York zu einem Bootsbauer gehen würden", sagte Forester.

„Ja", antwortete Marco, „auf jeden Fall."

„Hier gibt es keine Bootsbauer", entgegnete Forester. „Tatsächlich sind hier nur sehr wenige Berufe vertreten, und die Arbeiter sind bereit, jede Art von Arbeit zu erledigen, die sie können."

Da nur ein kleiner Teil des Nachmittags vergangen war, fragte Marco Forester, ob er zum Angeln zum Fluss gehen dürfe. „Ich kann innerhalb meiner Grenzen bleiben, wissen Sie", sagte er.

„Ja", sagte Forester, „Sie *können* innerhalb Ihrer Grenzen bleiben."

„Und das werde ich", sagte Marco. „Glauben Sie nicht, dass ich das tun werde?"

„Das können Sie besser beurteilen als ich", sagte Forester. „Sie sind jetzt schon seit einigen Wochen hier und ich habe Sie mit großem Vertrauen und Zuversicht behandelt, nicht wahr?"

„Warum, ja", sagte Marco.

„Ich habe dir die Erlaubnis gegeben, angeln zu gehen, im Vertrauen auf deine Treue, dass du innerhalb deiner Grenzen bleibst. Ich habe dich mehrere Male vormittags allein in deinem Arbeitszimmer gelassen. Ich habe dich mit anderen Jungen auf die Berge gehen lassen, und habe dir meine Uhr geliehen, damit du weißt, wann es Zeit ist, zurückzukommen. Jetzt kannst du besser als ich erkennen, ob du all diesen Anvertrauten treu geblieben bist."

Marco antwortete nicht. Er wusste nicht, was er sagen sollte. Er ging schweigend weiter.

„Die Entscheidung überlasse ich Ihnen", sagte Forester. „Hier sind wir gerade zu Hause; jetzt können Sie ins Arbeitszimmer gehen und ein paar Momente über das Thema nachdenken. Erinnern Sie sich an alle Fälle, in denen ich Sie mit Vertrauen und Zuversicht behandelt habe, und überlegen Sie, ob Sie dem immer treu geblieben sind Vertrauen. Wenn Sie beim Nachdenken denken, dass Sie es getan haben, können Sie Ihre Angelschnur nehmen und angeln gehen. Wenn Sie sich bewusst sind, dass Sie zu irgendeinem Zeitpunkt mein Vertrauen missbraucht haben, dürfen Sie heute Nachmittag nicht gehen. Sie können gehen Spielen Sie, wo immer Sie wollen, in Haus und Garten, aber Sie dürfen nicht angeln gehen. Wenn Sie Zweifel haben, ob Sie mein Vertrauen missbraucht haben oder nicht, und mich um meine Meinung zu einem bestimmten Fall bitten möchten, der Ihnen bevorsteht Denken Sie daran, Sie können im Arbeitszimmer bleiben, bis ich hereinkomme, und mich fragen, und ich werde es Ihnen sagen. Ich werde in ein paar Minuten da sein."

Hier entstand eine Pause. Marco sah sehr ernst aus und ging schweigend weiter. Eine solche Wendung des Gesprächs kam für ihn völlig unerwartet und er wusste nicht, was er sagen sollte.

„Es ist möglich", fuhr Forester fort, „dass Sie sich bewusst sind, dass Sie sich eindeutig des Vertrauensmissbrauchs schuldig gemacht haben, den ich in einem Fall gesetzt habe, von dem ich nichts weiß oder von dem Sie annehmen, dass ich nichts weiß, und." Vielleicht möchten Sie es mir gestehen. Wenn Sie sich einer solchen Tat schuldig gemacht haben, ist es das Beste, was Sie tun können, es mir sofort zu gestehen; und wenn Sie es tun möchten, können Sie warten, bis ich komme. zu diesem Zweck. Sie können also warten, bis ich komme, um mir entweder eine Frage zu stellen oder einen Fehler zu bekennen. Wenn Sie beides nicht tun möchten, können Sie hinausgehen, ohne auf mich zu warten; aber Sie dürfen nicht angeln gehen es sei denn, Sie können wirklich sagen, dass Sie treu und ehrlich waren, wann immer ich Ihnen vertraut habe."

Mit diesen Worten trennte sich Forester von Marco und ging ins Haus. Marco ging langsam ins Büro und durch das kleine Arbeitszimmer. Er war äußerst ratlos, was er von dieser Ansprache halten sollte. „Kann es sein", dachte er, „dass er weiß, dass ich heute Morgen weggegangen bin? Wie konnte er das herausgefunden haben? Oder hat er das gesagt, nur um jetzt herauszufinden, ob ich bisher ehrlich gewesen bin oder nicht?"

nichts von seinem Weggang wusste . Er glaubte, dass das, was er gerade gesagt hatte, nur ein Teil von Foresters allgemeinem Plan zur Behandlung seines Falles war und dass dies nicht bedeutete, dass Forester einen besonderen Verdacht hegte. Marco glaubte, dass er daher am Nachmittag getrost angeln gehen könnte, wenn er entsorgt würde; aber wir müssen ihm die Gerechtigkeit widerfahren lassen und sagen, dass er keinen Augenblick auf die Idee gekommen ist, es zu tun. Er beschloss, dass er nicht gehen würde. Da er jedoch nicht bereit war, seine Schuld zu bekennen, und keine Frage zu stellen hatte, beschloss er, im Garten herumzuspielen. Er dachte ein wenig darüber nach, zu warten, bis sein Cousin hereinkam, und dann ehrlich ein Geständnis abzulegen; aber er kam nicht zu einer endgültigen Schlussfolgerung und beschloss daher, hinzugehen und noch mehr darüber nachzudenken. Außerdem kam er zu dem Schluss, dass er, wenn er überhaupt ein Geständnis ablegen wollte, es lieber am Abend tun sollte, wenn er zu Bett ging; Denn Forester kam immer nach dem Schlafengehen in sein Zimmer, um ein kleines freundliches und ernstes Gespräch mit ihm zu führen und ihm eine gute Nacht zu wünschen.

Dementsprechend ging er hinaus, bevor Forester hereinkam. Er verbrachte den Nachmittag in einem elenden Geisteszustand. Er konnte sich des Gefühls der Besorgnis nicht erwehren, dass Forester auf die eine oder andere Weise von seiner Übertretung erfahren hatte. Er wunderte sich eher darüber, dass er, wenn es stimmte, dass Forester es herausgefunden hatte, ihm nicht direkt etwas darüber gesagt hatte – aber andererseits wusste er, dass es Foresters Art war, nicht immer sofort alles preiszugeben, was er wusste wusste in solchen Fällen. Aber dann dachte er wieder, dass Forester nichts davon wissen *konnte* . Er hätte es auf keinen Fall wissen können. Er war den ganzen Vormittag weg und kam erst nach Hause, als Marco zurückkam.

Daher kam er zu dem Schluss, dass Forester es nicht wusste; aber er begann sich zu wünschen, dass er es täte. Er konnte es nicht ertragen, daran zu denken, es ihm zu sagen, aber er wünschte, er wüsste es. Die Last eines solchen Geheimnisses wurde ihm unerträglich. Er schlenderte durch die Höfe und den Garten, wusste nicht, was er mit sich anfangen sollte, und wurde immer ängstlicher und unglücklicher. Er befand sich in einem sehr ernsten Dilemma.

Marco richtete seinen Blick gelegentlich auf das Büro und erwartete, Forester herauskommen zu sehen. Er dachte, Forester würde wissen wollen, ob er angeln ging oder nicht. Aber er kam nicht. Marco verbrachte einige Zeit mit James im Garten, der dort den Boden harkte und Dinge einsammelte, die durch plötzlichen Frost beschädigt werden könnten. Marco arbeitete einige Zeit mit ihm und versuchte, sich mit ihm zu unterhalten, aber er fand ihn nicht sehr kommunikativ, und schließlich ging er ins Haus und saß bis zum Abendessen auf dem Sofa im Wohnzimmer und las.

Marco rechnete damit, dass Forester ihn beim Abendessen fragen würde, ob er angeln gegangen sei oder nicht; aber er sagte nichts dazu. Forester erzählte seinem Vater und seiner Mutter von ihrem Plan für ein Boot und berichtete ihnen ausführlich über ihren Besuch in der Mühle. Seine Mutter schien an dem Bericht sehr interessiert zu sein und sagte zu Marco, dass sie hoffen sollte, dass er sie zu einem Ausflug mit dem Boot einladen würde, nachdem er seine Crew gut ausgebildet habe.

„Ja", sagte Marco, „das werden wir. Wir müssen einen Sitzplatz für Passagiere und Besucher in der Heckschote haben, Cousin Forester."

„Die Hecklaken?" sagte Forester, „was meinst du mit den Heckblechen?"

„Na ja, es liegt achtern", sagte Marco, „zwischen dem Platz des Steuermanns und dem Ruderer."

„Du musst es uns zeigen", sagte seine Tante, „wenn wir kommen, um das Boot zu besichtigen."

Diese Art von Unterhaltung beruhigte Marco ein wenig , aber er fühlte sich immer noch unwohl, und er beschloss, Forester die ganze Geschichte vor dem Schlafengehen zu erzählen, wenn er nur den Mut aufbringen könnte, damit anzufangen.

KAPITEL VIII.

EIN GESTÄNDNIS.

In dem Zimmer, in dem Marco schlief, stand ein großer, gepolsterter Sessel, der allgemein als Sessel bezeichnet wurde; Es war eines, das von der Familie selten benutzt wurde, außer bei Krankheit. Es stand in einer Ecke des Zimmers, nicht weit vom Kopfende von Marcos Bett entfernt. Forester saß immer auf diesem Stuhl, während er sich mit Marco unterhielt, als dieser heraufkam, um seine Lampe zu holen.

Als Forester heute Abend, wie üblich, seinen Platz im großen Sessel eingenommen hatte, begann er sein Gespräch mit den Worten:

„Na, Marco, hast du James heute Nachmittag im Garten geholfen?"

„Nein", sagte Marco, „ich habe ihm nicht viel geholfen – ich mag James nicht besonders."

"Warum nicht?" fragte Forester.

„Ich glaube nicht, dass er sehr entgegenkommend ist", antwortete Marco.

„Was hat er heute getan, was unentgegenkommend ist?" fragte Forester.

„Er wollte mir sein Messer nicht leihen. Ich wollte mir sein Messer leihen, um mir aus einigen Apfelbaumresten einen Stock zu schneiden, und er ließ es mich nicht haben."

„Hast du kein eigenes Messer?" fragte Forester.

„Ja", sagte Marco, „aber meiner lässt sich nicht öffnen."

„Wird nicht geöffnet?" wiederholte Forester. „Was ist die Ursache dafür?"

„Warum, ich nehme an, weil die Verbindung rostig ist", antwortete Marco.

„Wie kam es, dass es rostig war?" fragte Forester.

„Wissen Sie, ich habe es eines Tages auf einen Stein gelegt, wo ich gerade damit gearbeitet habe, und es dort liegen lassen, und in der Nacht regnete es und ließ es verrosten. Ich wusste nicht, wo es war, und so habe ich es viele Tage lang nicht gefunden.

„Dann nehme ich an", sagte Forester, „dass James annahm, dass Sie sein Messer auf die gleiche Weise weglassen und es ruinieren würden."

„Nein", antwortete Marco, „das war nicht der Grund."

„Sind Sie sicher, dass Sie ihn ausdrücklich darum gebeten haben und er sich geweigert hat?"

„Ja", sagte Marco.

Hier herrschte eine kurze Pause. Marco glaubte, dass sein Cousin Forester darüber nachdachte, was mit James gemacht werden sollte, weil er so unnachgiebig war. Er wusste nicht, dass er ihn seinem Vater melden und ihn abweisen lassen würde; obwohl Marco nicht wirklich wollte, dass er abgewiesen würde.

Aber Forester sagte, nachdem er einen Moment nachgedacht hatte: „Das lässt mich an eine Geschichte denken, die ich hier habe; höre zu und höre sie."

Marcos Zimmer.

Also holte Forester seine Handtasche heraus, öffnete sie und schien dann für einen Moment die Blätter umzublättern, um einen Platz zu finden. Dann begann er Folgendes zu lesen oder zu lesen:

Es war einmal ein kleines Mädchen namens Anne. Eines Tages kam sie zu ihrer Mutter, als diese im Wohnzimmer saß, und begann sich bitterlich über ihre Schwester Mary zu beschweren. Ihre Schwester Mary war älter als sie und hatte eine Puppe. Anne beschwerte sich, dass Mary ihr ihre Puppe nicht leihen wollte .

dir ihre Puppe zu leihen ?" fragte ihre Mutter.

„Ja, Mutter, ich bin *sicher* , dass sie das getan hat", antwortete Anne.

„Vielleicht spielt sie selbst damit", sagte ihre Mutter.

„Nein", antwortete Anne, „sie bügelt in der Küche."

„Ich glaube, du musst dich irren", sagte ihre Mutter. „Gehen Sie und fragen Sie sie noch einmal. Sagen Sie ihr nicht, dass ich Sie geschickt habe, sondern fragen Sie sie selbst, ob sie wirklich meinte, dass sie nicht bereit war, Ihnen ihre Puppe zu leihen."

Also rannte Anne los, um Mary die Frage noch einmal zu stellen; Bald darauf kam sie mit derselben Antwort zurück. „Mary", sagte sie, „wollte es ihr nicht leihen."

„Es tut mir sehr leid, das zu hören", sagte ihre Mutter, „denn jetzt muss ich dich wohl bestrafen."

„Um *sie zu bestrafen* , meinst du", sagte Anne.

„Nein", sagte ihre Mutter, „um dich zu bestrafen. Ich glaube nicht, dass *sie* die Schuld trägt."

„Warum, Mutter – wie kann *ich* es mir verübeln, dass sie mir ihre Puppe nicht leihen wollte?"

„ *Das bist du* , daran habe ich keinen Zweifel", sagte ihre Mutter. „Mary ist ein gutmütiges, entgegenkommendes Mädchen – immer bereit, Freundlichkeiten zu erweisen, und wenn sie nicht bereit ist, Ihnen etwas zu leihen, muss das daran liegen, dass Sie es durch ein Fehlverhalten selbst geschaffen haben. Damit es so ist." beweisen Sie zweifellos, dass Sie derjenige sind, der bestraft wird.

Hier begann Anne den Kopf hängen zu lassen und ein wenig beschämt dreinzuschauen. Die Vermutung ihrer Mutter erwies sich als richtig, denn als sie nachfragte, stellte sich heraus, dass Mary ihre Puppe vor ein paar Tagen an Anne geliehen hatte und dass Anne sie ihr nicht geben wollte, als sie sie wieder wollte, und als Mary darauf bestand Als sie ihr die Puppe brachte, wurde sie wütend und warf die Puppe aus dem Fenster.

„Ich habe diese Geschichte noch nie gehört, Cousin Forester", sagte Marco. „Und ich wusste nicht, dass du Geschichten in deiner Handtasche hast."

Forester lachte und steckte seine Handtasche ein.

„Ich glaube nicht, dass da eine Geschichte steckt", sagte Marco. „Du hast es wieder gut gemacht, das glaube ich wirklich."

„Ja", sagte Forester, „das habe ich. Passt es nicht ganz gut auf Ihren Fall?"

„Warum, ich weiß es nicht", sagte Marco. „Ich verstehe nicht, warum er mir sein Messer nicht überlassen konnte."

„Angenommen, *ich* hätte ihn um sein Messer gebeten; meinst du nicht, er hätte es mir geliehen?"

„Ja", sagte Marco, „ich habe keinen Zweifel, dass er das tun würde; er würde natürlich alles für *dich tun*, weil du ihn bezahlst – oder Onkel ihn bezahlt, was dasselbe ist."

„Ich glaube nicht, dass das der Grund ist", antwortete Forester. „Heute war der Mann in der Mühle, der sagte, ich könnte sein Boot nehmen und alles tun, was ich wollte."

„Ja", sagte Marco, „das ist mir aufgefallen."

„Und vielleicht dachten Sie, es sei eine große Ehre für ihn, dass er das getan hat."

„Ja", sagte Marco.

„Aber Tatsache ist", entgegnete Forester, „wie ich denke, war es mehr zu meinem Verdienst als zu seinem; denn ich habe sein Boot schon viele Male gehabt, und sein jetzt so großes Vertrauen in mich zeigt, wie sehr ich es habe." Ich habe schon früher mit seinem Eigentum gehandelt. Ich habe mir immer große Mühe gegeben, es sorgfältig zu benutzen, es sicher an seinen Platz zurückzubringen, das Wasser herauszubekommen, falls sich darin befand, und alles in Ordnung zu halten. I Ich habe dies nicht nur getan, weil es gerecht und richtig ist, dass ich ihm keine Unannehmlichkeiten bereiten sollte, weil er mir einen Gefallen getan hat, sondern auch aus politischen Gründen."

„Was meinst du mit einer Frage der Politik?" fragte Marco.

„Nun, Rücksicht auf mein eigenes Interesse. Wenn ich das nicht täte, würde ich bald dafür sorgen, dass die Leute nicht bereit sind, mir ihre Sachen zu leihen. Und ich denke, es muss einen guten Grund geben, warum James nicht bereit ist, dir sein Messer zu leihen."

„Warum sagt er", antwortete Marco, „dass ich seine Sachen nicht zurückbringe."

"Ah!" entgegnete Forester, „das ist es. Ich dachte, es muss einen solchen Grund geben. Sie haben Ihren Charakter bei James verloren, und ich rate Ihnen, sich so schnell wie möglich einen neuen anzueignen. Außerdem haben Sie ihm heute Abend Unrecht getan." . Sie stellten ihm vor, er habe Ihnen sein Messer verweigert, weil er unnachgiebig und egoistisch sei, obwohl es nur um die Sicherheit seines Eigentums ginge. Was Sie sagten, war darauf ausgelegt, bei mir einen ungünstigen Eindruck gegen ihn zu hinterlassen, und das würde auch der Fall sein ungerecht gewesen."

Marco merkte, dass es so war und schwieg.

„Es tut mir leid, dass Ihr Messer rostig ist", fuhr Forester fort. „Vielleicht kann ich es für dich öffnen."

"Wie?" fragte Marco.

„Ich glaube, der beste Weg besteht darin, die Verbindung in Öl einzuweichen. Das Öl dringt in die Verbindung ein, und dann können wir die Klinge mit einer Zange oder etwas Ähnlichem fassen und sie öffnen; und dann, indem man es ein paar Mal hin- und herbewegt , wird der Rost verschwinden, und das Messer wird so gut sein wie vorher. Wenn es tatsächlich sehr rostig ist, wird dieser Plan nicht funktionieren."

„Was ist in diesem Fall zu tun?" fragte Marco.

„Die einzige Möglichkeit besteht dann darin, es zu einem Schmied zu bringen und ihn die Niete herausstanzen zu lassen. Dann können wir die Klinge vollständig herausnehmen. Auf diese Weise können wir sie von Rost befreien und sie dann wieder einsetzen." eine neue Niete. Wenn du mir morgen dein Messer gibst, werde ich versuchen, es auf die eine oder andere Weise für dich wieder in Ordnung zu bringen.

„Und jetzt", fuhr Forester nach einer kurzen Pause fort, „ist es Zeit für mich, hinunterzugehen, es sei denn, Sie haben etwas, das Sie sagen möchten."

Obwohl es für Forester nicht ungewöhnlich war, sein Abendgespräch auf diese Weise zu beenden, wurde Marcos Aufmerksamkeit besonders durch die hervorragende Gelegenheit gefesselt, die ihm diese Bemerkung bot, sein Geständnis abzulegen. Er wollte es wirklich schaffen , aber er wusste nicht, wie er anfangen sollte. Er wünschte, sein Cousin würde ihn etwas dazu fragen oder das Thema auf die eine oder andere Weise vorstellen, aber Forester schwieg. Dann stand er auf, trat an Marcos Bett und fragte ihn, ob es ihm warm genug sei – denn zu dieser Jahreszeit begannen die Nächte kühl zu werden.

„Ja", sagte Marco, „ich fühle mich sehr wohl."

„Na dann, gute Nacht." Also nahm Forester die Lampe und ging langsam zur Tür.

„Cousin Forester", sagte Marco.

"Was?" sagte Forester.

„Geh noch nicht."

Forester drehte sich um und ging zum Fußende des Bettes. Am Fußende des Bettes befand sich ein hohes Fußbrett, auf das sich Forester mit der Lampe in der Hand stützte.

„Gibt es etwas , das du mir sagen möchtest?"

Marco schwieg. Er sah verzweifelt und verlegen aus und bewegte seinen Kopf unruhig auf dem Kissen.

„Da stimmt etwas nicht, nicht wahr, Marco", sagte Forester, „dass du darüber nachdenkst, ob du mir gestehen sollst oder nicht? Wenn ja, dann tu, was du willst. Ich möchte, dass du gestehst, was du hast." „Das getan zu haben, ist falsch, aber wenn man es überhaupt tut, dann muss man es aus eigenem Antrieb tun."

„Nun", sagte Marco, „ich möchte dir erzählen, dass ich heute Vormittag weggehe, um zu spielen."

„Wie lange warst du weg?" fragte Forester.

„So ziemlich den ganzen Vormittag", antwortete Marco.

„Nun", sagte Forester, „ich bin sehr froh, dass Sie sich dazu entschlossen haben, es aus eigenem Antrieb zu gestehen, aber ich weiß alles darüber."

Marco richtete sich in seinem Bett auf, blickte seinem Cousin ins Gesicht und sagte:

„Warum, Cousin Forester, woher wusstest du das?"

„Um Ihnen zu beweisen, dass ich es wirklich wusste, werde ich Ihnen sagen, was Sie getan haben. Kurz nachdem ich gegangen war, stiegen Sie aus dem Fenster und gingen in Mr. Eldons Garten, wo George Eldon und Samuel Warner Würmer ausgruben Köder. Dann bist du mit ihnen zum Fluss hinuntergegangen. Du hast dich hinter ihnen versteckt, als du in Sichtweite des Hauses vorbeikamst, aus Angst, dass Vater dich sehen würde, während er draußen im Hof war und Bäume beschnitt. Dann bist du hinunter zum Fluss und saßen auf einem Baumstamm unter einigen Büschen und fischten. Nach einer Weile entdeckten Sie ein altes Baumstammkanu, das den Fluss hinuntertrieb, und die anderen Jungen wateten hinaus und holten es. Dann stiegen Sie alle hinein und paddelten eine Weile und Danach wurdest du über die Risse getragen und im Wasser umgekippt. Deine Mütze trieb den Bach hinunter, und du bist ihr im Kanu nachgefahren und hast sie geholt. Danach hast du deine Strümpfe ausgezogen und das Wasser aus ihnen ausgewrungen, und dann bist du gekommen nach Hause. Du kamst erst etwa eine Viertelstunde vor meiner Ankunft ins Arbeitszimmer."

Marco hörte diesem detaillierten Bericht über seine Abenteuer mit gespanntem Interesse zu und fragte sich, wie sein Cousin so früh und so umfassende Informationen erhalten konnte. Nachdem Forester geendet hatte, hielt er einen Moment inne und seufzte tief. Dann legte er seinen Kopf wieder auf sein Kissen und sagte:

„Nun, ich verstehe nicht, wie Sie es herausgefunden haben; und es tut mir leid, dass Sie es herausgefunden haben, denn ich hätte Ihnen alles selbst erzählen wollen."

Marco schien wirklich enttäuscht darüber zu sein, dass er die Gelegenheit verpasst hatte, sein vollständiges Geständnis abzulegen, aber Forester sagte ihm, dass er davon ausging, dass er das vollständige Geständnis abgelegt *hatte*. „Du hast dich dazu entschlossen", sagte er, „und du hast damit begonnen, und es war der Anfang, der die ganze Anstrengung erforderte. Ich habe nur darauf verzichtet, dich nach den Einzelheiten zu fragen, aus dem Wunsch heraus, dir zu zeigen, dass ich es wirklich bin." wusste alles darüber.

„Ich verstehe nicht, wie du das herausgefunden hast", sagte Marco. „Ich nehme an, es muss daran gelegen haben, dass die Jungs es dir erzählt haben."

„Nein", antwortete Forester; „Ich habe keinen der Jungen gesehen oder etwas von ihnen gehört, weder direkt noch indirekt."

„Dann hast du wohl selbst auf mich aufgepasst", sagte Marco, „anstatt wegzugehen."

„Glauben Sie", sagte Forester, „dass ich so tun würde, als würde ich weggehen, und dann einfach ein Stück hinausgehen und auf der Lauer liegen, um Sie zu beobachten?"

„Nein", sagte Marco, „das glaube ich nicht wirklich."

„Nein", sagte Forester, „ich bin wirklich durch die Stadt gegangen. Ich habe einen kranken Mann besucht und ihm geholfen, sein Testament zu machen, und ich bin erst zurückgekehrt, als du mich gesehen hast."

„Dann verstehe ich nicht, woher du das wusstest", sagte Marco.

„Es hat für Sie keine große Bedeutung, das zu wissen", sagte Forester, „aber ich möchte Sie etwas mehr über die Angelegenheit fragen. Sind Sie bereit, jede Frage zu beantworten, die ich stellen könnte?"

Marco sagte, dass dies der Fall sei, und Forester fragte ihn nach den Umständen, die ihn dazu veranlasst hätten, wegzugehen. Marco erklärte ihm, wie er die Jungen sah und was sie seiner Meinung nach taten, was ihn dazu bewog, sie zu besuchen, und wie er daran gehindert wurde, wie beabsichtigt zurückzukommen. Die Art und Weise, wie Marco diese Fakten erzählte, strahlte Offenheit und Ehrlichkeit aus, was Forester davon überzeugte, dass er die Wahrheit sagte.

Forester stellte mit Freude fest, dass Marco und die anderen Jungen keinen bewussten und vorab abgestimmten Plan hatten, sich auf diese Expedition zu begeben; Denn so schlimm es für Marco auch war, sich von solchen Versuchungen ablenken zu lassen, es wäre noch schlimmer gewesen, oder besser gesagt, es hätte auf einen schlechteren Charakterzustand hingewiesen, wenn er absichtlich ein solches Schulschwänzen geplant hätte.

„Nun", sagte Forester, als er das Gespräch beenden wollte, „ich bin sehr froh, dass Sie zu dem Eingeständnis Ihrer Schuld gekommen sind. Ich bin auch sehr froh, dass Sie heute Nachmittag nicht unter solchen Umständen angeln gegangen sind." Die Erlaubnis, die ich Ihnen gegeben habe. Ich schließe aus diesen beiden Dingen, dass Sie von diesen Fehlern geheilt werden und ein Junge mit festen moralischen Grundsätzen werden möchten. Nun ist es bei mir im Allgemeinen eine Regel, einen Jungen nicht für das zu bestrafen, was er tut gesteht aus eigenem Antrieb. Dennoch halte ich es für wahrscheinlicher, dass es für Sie besser wäre, dafür bestraft zu werden. Es würde Ihnen helfen, einen starken Eindruck auf Ihren Geist zu hinterlassen, und es Ihnen viel leichter machen, solchen Versuchungen zu widerstehen Die Zeit kommt. Aber Sie können diese Frage selbst entscheiden. Wenn Sie sich einer Strafe unterziehen und mir das morgen früh sagen wollen, werde ich mir eine passende Strafe für Sie ausdenken. Wenn Sie mir nichts sagen Darüber werde ich dich nicht bestrafen. Mit diesen Worten wünschte Forester Marco eine gute Nacht.

Am nächsten Morgen traf Marco Forester auf der Treppe, als er zum Frühstück herunterkam, und sagte ihm, dass es ihm seiner Meinung nach besser gehen sollte, bestraft zu werden. Also dachte Forester über das Thema nach, und als Marco um neun Uhr hineinging, um mit seinem Studium zu beginnen, teilte ihm Forester mit, dass er mit seiner Strafe fertig sei.

„Was soll es sein?" sagte Marco.

„Es ist meine Aufgabe, Ihnen den ganzen Vormittag nicht zu erlauben, zu lernen", antwortete Forester, „sondern von Ihnen zu verlangen, dass Sie still an Ihrem Schreibtisch sitzen und nichts zu tun haben. Sie sehen, es wird eine Art Einzelhaft sein, nur Sie." Das Gefängnis wird an sich ein angenehmer Ort sein.

Marco glaubte, dass dies keine sehr schwere Strafe sein würde, aber als er sie erduldete, stellte er fest, dass sie tatsächlich viel härter war, als er es sich vorgestellt hatte. Er wurde tatsächlich sehr müde, lange bevor der Vormittag vorüber war. Er kam zu dem Schluss, dass jahrelange Einzelhaft in einem düsteren Kerker in der Tat eine schreckliche Strafe sein muss.

Ein oder zwei Jahre später, als Marco von all diesen Fehlern völlig geheilt war, bat er Forester eines Tages, ihm zu erklären, woher er wisse, wohin er an diesem denkwürdigen Vormittag gehe; und Forester erklärte es ihm bereitwillig. Es scheint, dass Foresters Vater, obwohl er ein sehr sanfter und gutherziger Mann war, ein sehr kluger Mann war, und da er daran gewöhnt war, im Laufe seiner Tätigkeit alle Arten von Streichen und Schurken zu entdecken, war er weniger geneigt, etwas zu tun Vertrauen in andere, bis er wusste, dass das Vertrauen verdient war, als Forester selbst, der weniger Erfahrung hatte. Und als er erfuhr, dass Forester weggegangen war und Marco allein gelassen hatte, zweifelte er ein wenig, ob er weiterhin fleißig an seiner Arbeit arbeiten würde. Während er darüber nachdachte, hörte er ein leises Geräusch, das Marco machte, als er mit seinen Füßen gegen die Schindeln des Hauses trat, als er aus dem Fenster stieg. Deshalb kam er einen Moment später ins Arbeitszimmer und stellte fest, dass Marco gegangen war. Er schaute aus dem Fenster und sah, wie er auf die anderen Jungen zuging. Gerade in diesem Moment kam der Mann, um ihm beim Beschneiden seiner Bäume zu helfen, aber bevor er mit dieser Arbeit begann, ging er ins Haus zu Jakobus, rief ihn an ein Fenster, zeigte ihm Marco und sagte:

„Ich möchte, dass du ihm folgst, James, und ihn im Auge behältst, bis er zurückkommt, aber wenn möglich, lass ihn dich nicht sehen. Sag mir nichts darüber, aber erzähle meinem Sohn Forester einen Bericht über alles, was du getan hast." beobachten."

James tat, was ihm gesagt wurde, und als Forester zurückkam, erzählte er ihm die ganze Geschichte, kurz bevor Forester ins Arbeitszimmer ging. Damit Forester alles darüber wusste, bevor Marco ihn sah. James meisterte die Angelegenheit sehr geschickt, denn er hielt sich außer in einem einzigen Fall völlig außer Sicht, und zwar als die Jungen ins Wasser fielen. Dann stürzte er auf sie zu, aus Angst, sie könnten ertrinken, blieb aber am Ufer stehen, als er sah, dass keine Gefahr bestand, und verschwand wieder, bevor Marco ihn erkennen konnte.

KAPITEL IX.

BOOTFAHREN.

Die Änderungen und Verbesserungen, die Forester am Boot angeordnet hatte, wurden zum versprochenen Zeitpunkt abgeschlossen. Marco sagte, dass eine achtköpfige Besatzung erforderlich sei, um das Boot richtig zu bemannen: sechs Ruderer, ein Bugmann und ein Steuermann. Marco sprach dieses Wort so aus, als würde es *coxen geschrieben* . Dies ist die richtige Art, es auszusprechen. Damit ist derjenige gemeint, der im Heck sitzt, das Boot steuert und die Ruderer dirigiert. Tatsächlich ist der Steuermann der Kommandant der Bootsbesatzung.

„ *Ich* werde Bogenschütze sein", sagte Marco, „und du kannst Steuermann werden, und dann brauchen wir sechs Jungen als Ruderer."

„Dann müssen Sie mir erklären, was meine Aufgaben sein werden", sagte Forester, „denn ich weiß nicht einmal, was ein Steuermann ist."

„Na ja, er ist der Kommandant", sagte Marco. „Er gibt alle Befehle."

„Dann müssen Sie zunächst Steuermann sein", sagte Forester, „denn ich weiß nichts darüber . Sie müssen es uns allen beibringen. Nachdem ich gelernt habe, ein Boot mit sechs Rudern zu steuern, Kriegsschiff." In der Mode würde ich manchmal sehr gerne Steuermann sein. Und es scheint mir", fügte Forester hinzu, „dass wir besser zuerst alleine hinuntergehen sollten, bis ich es gelernt habe, und dann können wir die Jungs dazu bringen, danach zu kommen." ."

„O nein", sagte Marco, „ihr werdet es alle zusammen leicht lernen. Ich kann euch allen genau sagen, was ihr tun sollt."

Forester stimmte diesem Vorschlag zu und sie erstellten eine Liste mit sechs Jungen, und Forester ermächtigte Marco, sie einzuladen. „Stellen Sie sicher", sagte Forester, „sagen Sie ihren Eltern, dass wir mit dem Boot rausfahren, und sagen Sie ihnen, dass ich auch mitfahre." Marco hat das getan. Die Jungs nahmen die Einladung alle gerne an. Sie kamen zuerst zum Haus und gingen dann auf einem Pfad weiter, der vom Fuße des Gartens zum Mühlenteich führte. Es war ungefähr halb eins, als sie das Boot erreichten.

Hier kam es zu einer großen Verwirrung, als die Jungen alle anfingen, gemeinsam zu reden und Fragen zu stellen. Sie fanden das Boot in gutem Zustand vor, es war vollkommen dicht und trocken und die neuen Sitze waren alle an ihrem Platz. Die Ruder waren jedoch nicht da. Forester empfahl Marco, eine Abteilung seiner Männer zu schicken, um sie in die Werkstatt des Wagenbauers zu holen. Also schickte Marco drei der Jungen los, da er sehr richtig berechnete, dass sie jeweils zwei Ruder mitbringen könnten. Wenige Minuten später kehrten sie zurück, jeder der Jungen hatte zwei Ruder, eines auf jeder Schulter.

Die anderen Jungen begannen sofort, die Ruder zu übernehmen, und alle gingen gemeinsam auf das Boot zu, um einzusteigen.

„Halt", rief Marco, „halt, Jungs! Ihr dürft nicht ohne Befehl an Bord gehen. Ich bin Steuermann; ihr müsst warten, bis ich es euch sage, bevor einer von euch an Bord geht. John, kommt raus."

John, der ins Boot gestiegen war, kam wieder zurück, als er diesen Befehl hörte, und die Jungen warteten am Ufer. Marco forderte sie dann auf, die Ruder einzulegen. Die Jungen begannen verwirrt, sie einzuwerfen, wobei einige auf die Ruderbänke und andere auf den Boden des Bootes fielen.

„ Nein, – hör auf", sagte Marco; „Das ist nicht der richtige Weg. Ordnen Sie sie ."

„Ja, bring sie in Ordnung", sagte John. „Lasst sie uns in Ordnung bringen."

„Legen Sie sie entlang der Ruderbänke aus", sagte Marco, „mit den Schaufeln nach vorne."

Marco erklärte den Jungs, wie man die Ruder platziert. Sie wurden in der Mitte der Ruderbänke ausgelegt, um Platz zum Sitzen daneben zu lassen. Sie wurden so platziert, dass der Griff eines jeden Sitzes berührt wurde.

„ *An Bord!* " sagte Marco in militärischem Ton.

Die Jungen verstanden diesen Befehl nicht und befolgten ihn natürlich nicht.

„ *An Bord* , sage ich!" wiederholte Marco; „Wenn ich „ *An Bord* " *sage* , müssen Sie alle ins Boot steigen."

Mit dieser Erklärung des Befehlswortes verstanden die Jungen, was sie tun sollten, und stiegen so schnell sie konnten an Bord des Bootes. Es herrschte große Verwirrung unter ihnen, als es darum ging, ihre Plätze zu bekommen. Mehrere von ihnen begannen, zu den Rudern zu greifen, bis ihnen Marco dies mit lauter Stimme verbot.

„Du darfst die Ruder nicht berühren", sagte er, „bis ich „ *Werfen* " *sage* . Dann musst du sie nehmen und direkt in die Luft werfen."

"Wie?" sagte einer der Jungen, namens Joseph. „Wie, Marco?"

Diese Frage wurde in der Verwirrung kaum gehört.

„Sei still, Jungs; rede nicht und höre nicht auf, zu fragen, *wie* , sondern tue genau das, was ich dir sage."

Marco war so sehr mit der Idee vertraut, die Seeleute mit dem Wort „ *toss"* *verbinden* , und mit der Art und Weise, wie sie diese Entwicklung vollziehen, dass er vergaß, wie viele verschiedene Arten es geben könnte, ein Ruder hochzuwerfen. Die richtige Vorgehensweise besteht darin, dass jeder Ruderer bei Erteilung des Befehls das Blatt seines Ruders schnell, aber sanft in die Luft hebt und das Ende des Griffs auf der Ruderbank ruhen lässt. Es ist dann in der Lage, bequem ins Wasser gelassen zu werden, wenn der nächste Befehl, nämlich „ *Lass fallen"* , gegeben wird.

Das Anheben der Ruder und das anschließende Fallenlassen derselben durch die Besatzung eines Kriegsschiffes ist ein sehr hübsches Schauspiel.

Die Jungen wussten jedoch nichts davon, denn Marco, da ihm alles sehr klar und vertraut war, erkannte nicht die Notwendigkeit, solchen neuen Rekruten, wie denen, die unter seinem Kommando standen, sehr genaue Erklärungen zu geben. Als daher der Befehl zum *Werfen kam* , saßen einige der Jungen still da, blickten Marco an und wussten nicht, was sie tun sollten; andere hoben ihre Ruder in die Luft, manche in die eine oder andere Richtung; und Joseph, der durch die Zurückweisung, die er erhalten hatte, ein wenig verunsichert war, kam zu dem Schluss, dass er so wörtlich wie möglich gehorchen und lassen würde, was dabei herauskommen würde, und er warf sein Ruder hoch in die Luft. Es fiel in kurzer Entfernung von ihm ins Wasser, sank für einen Moment außer Sichtweite und schoss dann bis zur Hälfte seiner Länge hinaus, fiel auf die Seite und begann davonzutreiben.

"Werfen."

Daraufhin kam es zu einer Szene voller Gelächter und Verwirrung, wie man es hätte erwarten können. Alle begannen, Ausrufe und Befehle zu rufen und Anweisungen zu geben, wie man vorgehen sollte, um das verlorene Ruder wiederzugewinnen. Die Jungen, deren Ruder noch übrig waren, warfen sie verwirrt ins Wasser und begannen mit ihnen zu stoßen, zu stoßen und zu paddeln, um das Boot dorthin zu bringen, wo Josephs Ruder schwamm. Die ganze Zeit über blieb Forester am Ufer und lachte über dieses Beispiel nautischer Befehlsgewalt und Unterordnung.

Nach einiger Zeit war das Ruder geborgen, und Marco brachte seine Mannschaft nach langem Schelten und Geschrei wieder in Ordnung. Forester sagte, dass er bleiben würde, wo er war, am Ufer, bis Marco seine Ruderer ein wenig ausprobiert hatte. Also fuhr Marco fort, seine Befehle zu erteilen. Es gelang ihm schließlich, die Jungen alle wieder auf ihre Plätze zu bringen und die Ruder in den Händen zu halten.

„Jetzt, Jungs, denkt dran", sagte er, „und ich werde euch genau sagen, was ihr tun sollt. *Achtung!* Wenn ich *Achtung sage*, müsst ihr alle aufhören zu reden. *Achtung!* Jetzt darft ihr kein Wort sagen. Ihr müsst warten." Halte deine Ruder über dem Wasser und halte sie alle bereit, die Griffe in deinen Händen, und wenn ich sage „ *Gib nach* " , dann musst du alle anfangen zu rudern, alle zusammen genau, um den Schlag zu halten. Du musst den Schlag mit halten der Schlagruderer.

Aber die Jungen wussten nicht, wer der Ruderer war, und begannen lautstark nachzufragen, ungeachtet der ihnen erteilten Aufforderung zum Schweigen. Marco erklärte ihnen, dass der Ruderer derjenige war, der ihm am nächsten saß, also derjenige, der am weitesten hinten saß. Da die Ruderer alle mit dem Rücken zum Bug des Bootes saßen, waren ihre Gesichter zum Heck gerichtet, und daher konnte derjenige, der am weitesten hinten saß, von den anderen gesehen werden. Aus diesem Grund wird die Ruderbank, die am weitesten hinten liegt, zum Sitz des besten Ruderers gemacht, und die anderen müssen dafür sorgen, dass ihre Bewegungen mit den seinen übereinstimmen. Denn die Ruderblätter eines vollständig bemannten Bootes liegen so dicht beieinander, dass die Ruderblätter sich kreuzen und völlig durcheinander schlagen würden, wenn sie nicht genau den Takt einhalten würden. Aber wenn sie den Strich, wie sie es nennen, genau einhalten, geht alles gut. Aus diesem Grund wird der achtern sitzende Ruderer, mit dessen Ruder die Bewegungen aller anderen Ruder gesteuert werden sollen, Schlagruderer genannt.

Die Jungen wussten jedoch nichts von all dem. Marco begnügte sich damit, ihnen eine allgemeine Anweisung zu geben, den Schlag mit dem Schlagruderer beizubehalten und zu beginnen, wenn er den Befehl gab: „ *Vorfahrt geben* ." Nachdem alle wieder still waren, die Ruder über dem Wasser ausgestreckt waren und Forester am Ufer stand und dem Vorgang zusah, rief Marco im Befehlston: „ *Vorfahrt!* "

Die Jungen begannen sofort zu rudern, alle blickten den Ruderer an, schafften es aber überhaupt nicht, mit ihm im Takt zu bleiben. Die Ruder schlugen gegeneinander, kreuzten sich und sorgten für allerlei Verwirrung. Einige konnten nicht ins Wasser gelangen, andere konnten nicht herauskommen; und Josephs Ruder, das irgendwie zu plötzlich herauskam, während er kräftig daran zog, ließ ihn nach hinten von seinem Sitz kippen und auf den Boden des Bootes fallen.

BAD ROWING.

Schlechtes Rudern.

„ *Ruder!* “ sagte Marco, „RUDER!“

Was Marco mit *Rudern* meinte, wussten sie nicht, also achteten sie nicht auf den Befehl, aber einige hörten verzweifelt auf zu rudern, während andere weitermachten, indem sie die Ruderblätter gegeneinander schlugen und das Wasser aufwirbelten, aber keine Wirkung zeigten was auch immer in Bezug auf den Antrieb des Bootes. In der Zwischenzeit war die Luft erfüllt von Gelächter und lautem Geschrei.

„ *Ruder!* “ rief Marco erneut mit der Stimme eines Obersten an der Spitze seines Regiments. „ *Ruder!* Warum hörst du nicht auf, wenn ich *Ruder sage* ?“

Die Jungen begannen anzuhalten und riefen einander zu: „Stopp!“ "Stoppen!" Nach ein paar Minuten war alles wieder still. Die Jungen begannen, ihre Ruder einzulegen, und einer von ihnen stand auf und sagte:

„ Poh ! Das ist alles Unsinn. Mit Rudern kann man nichts machen . Ich hätte lieber ein gutes Paddel als alle Ruder in New York.“

Tatsächlich begann Marco selbst zu verzweifeln. Er stieß einige ungeduldige Ausrufe aus und versuchte, das Boot zum Ufer zu paddeln. Aber er stellte fest, dass er mit dem Paddeln fast genauso ungeschickt war wie die anderen Jungen mit dem Rudern. Schließlich gelang es ihm jedoch, das Boot ans Ufer zu bringen, und dann sagte er den Jungen, dass sie genauso gut aussteigen könnten, da sie beim Rudern überhaupt nichts tun könnten.

„Du scheinst nicht besonders gut zurechtzukommen, Marco“, sagte Forester: „Was ist los?“

„Ich habe keine Crew. Sie wissen nichts darüber .“

„Mir scheint, dass die Schuld beim Kommandanten liegt“, sagte Forester.

"In mir?" sagte Marco. „Ich habe ihnen Recht gegeben, aber sie wollten nicht gehorchen.“

„Ja, Ihre Befehle wären richtig gewesen, wenn Sie eine ausgebildete Mannschaft gehabt hätten. Aber Sie schaffen es nicht richtig, rohe Rekruten auszubilden.“

„Ich wünschte, du würdest es dann versuchen, Cousin Forester“, sagte Marco.

„Nun“, sagte Forester, „ich habe nichts dagegen, es zu versuchen. Jungs, seid ihr bereit, mich als Kommandanten zu haben?“

„Ja, Sir“, „Ja, Sir“, sagten alle Jungen.

„Ich werde viel strenger sein als Marco“, sagte Forester. „ Also erwarte ich nicht, dass du mich mögen wirst. Aber ich werde es versuchen. Ich möchte zunächst nicht ganz so viele Ruderer haben; ich sollte lieber ein paar auf einmal unterrichten. Gibt es jemanden von euch, der das gerne tun würde? Kommt an Land und lasst den Rest zuerst üben?“

Keiner der Jungen bewegte sich. Sie alle wollten zuerst üben. Das war genau so, wie Forester es erwartet hatte.

„Sehr gut“, sagte Forester; „Ich weiß, wie ich meine Mannschaft ausdünnen kann. Sobald ich feststelle, dass Sie meinen Befehlen nicht gehorchen, werde ich Sie an Land bringen.“

„Aber angenommen, wir verstehen es nicht?“ sagte einer der Jungen.

„Ich werde dir vorher ausführlich erklären, was du tun sollst. Und, Marco, du musst beobachten, wie ich es schaffe, und dann wirst du es ein anderes Mal wissen. Wenn du etwas zu lehren hast, besteht die Kunst darin, die

Lektion in große Teile zu unterteilen viele sehr kurze Schritte und lassen Sie
Ihre Schüler einen nach dem anderen machen.

Bis zu diesem Tag hatte Forester keine Ahnung, wie man die Besatzung eines
Bootes leitete, aber er hatte alle Befehle, die Marco gegeben hatte, sehr
aufmerksam beobachtet und ihre Bedeutung erkannt, und so war er bereit,
das Boot so weit zu manövrieren , wie Marco bei der Erteilung seiner Befehle
gegangen war . Er stieg dementsprechend ins Boot und nahm Marcos Platz
ein; während Marco selbst vortrat und seinen Platz am Bug des Bootes
einnahm und sagte, dass er der Bugmann sein würde.

„Marco", sagte Forester, „Sie sagen, wenn der Befehl „ *Achtung* " lautet , muss
die Besatzung schweigen; wie lautet der Befehl, wenn ich ihnen die Freiheit
geben möchte, wieder zu reden?"

„ *Crew entspannt* ", sagte Marco.

„Sehr gut. Nun, Jungs, wenn ich „Achtung" *sage* , müsst ihr still sein, mich
ansehen, alles hören, was ich sage, und den Befehlen so genau gehorchen,
wie ihr könnt, aber stellt keine Fragen und gebt mir keine Ratschläge, noch
sprecht mit mir einander, bis ich sage: *Beruhigen Sie sich* . Dann können Sie
wieder reden. Vielleicht werden zwei oder drei von Ihnen nicht gehorchen,
und ich habe nichts dagegen, da ich gerne einen Vorwand hätte, einige von
Ihnen an Land zu schicken.

Forester lächelte, als er das sagte, und alle Jungen beschlossen, dass er nicht
derjenige sein würde, den man an Land schicken würde.

„ *Achtung!* ", sagte Forester.

Dann steckte Forester sein Paddel ins Wasser und paddelte mit dem Boot
ein Stück hinaus in den Teich. Während er dies tat, herrschte an Bord des
Bootes Totenstille. Kein Junge sagte ein Wort; und als Forester endlich
aufhörte zu paddeln, schwamm das Boot ein kleines Stück sanft durch das
Wasser, und außer dem fernen Bellen eines Hundes am gegenüberliegenden
Ufer war kein Laut zu hören.

„ *Besatzung entspannt* ", sagte Forester. Die Jungen lachten, wechselten ihre
Position und begannen zu reden.

„Damals habe ich keinen von euch an Land gebracht", sagte Forester, „aber
das nächste Mal wird es mir gelingen, denn ich werde meine Gelegenheit
nutzen, wenn ihr alle mit Reden beschäftigt seid, und plötzlich sagen: *Achtung*
, dann werdet ihr es nicht alle schaffen." Halten Sie sofort an, aber einige
werden einfach weitermachen, um ihren Satz zu Ende zu bringen, und das
wäre ein Verstoß gegen den Befehl, und deshalb werde ich Sie an Land
bringen.

Die Jungen lachten; Sie hielten es für keine gute Politik von Forester, sie vor seiner Absicht zu warnen, da sie dadurch alle auf der Hut waren. Plötzlich kam das Befehlswort: „ *Achtung!* " Jede Stimme verstummte augenblicklich; Die Jungen nahmen sofort eine aufrechte Position ein und blickten direkt zu Forester.

„Joseph", sagte Forester, „wenn ich den Befehl *Toss* gebe, musst du dein Ruder nehmen und die Klinge in die Luft heben und sie senkrecht halten, wobei das Ende des Griffs auf der Ruderbank an deiner Seite aufliegen muss Seite des Bootes gegenüber derjenigen, auf der Sie rudern werden ,-- *Toss!* "

Also hob Joseph wie angewiesen sein Ruder, während die anderen Jungen zusahen.

„Lass es noch einmal fallen", sagte Forester. Joseph gehorchte.

„ *Besatzung entspannt* ", sagte Forester.

Forester handelte sehr klug, als er die Aufmerksamkeit der Besatzung nicht lange auf sich zog. Indem er sie sehr häufig ablöste, machte er den Unterschied zwischen Gehorsam und Gelassenheit sehr deutlich und deutlich, so dass die Jungen ihn sich leicht merken konnten. Nach wenigen Augenblicken erregte er erneut Aufmerksamkeit, mit dem gleichen Erfolg wie zuvor. Dann befahl er einem anderen Jungen, sein Ruder zu werfen, dann einem anderen und so weiter, bis er jedem einzeln die Bewegung beigebracht hatte. Er gab jedem die Erklärungen, die er brauchte, und wenn es nötig war , ließ er sie die Evolution zweimal durchführen, um sicherzustellen, dass jeder genau verstand, was zu tun war. Dann gab Forester ihnen allen den Befehl, gemeinsam zu werfen, und sie taten es recht erfolgreich. Die Ruder hoben sich und standen senkrecht wie so viele Masten; während Forester das Boot langsam durch das Wasser paddelte. Dann wies er die Jungen an, die Ruder sanft wieder an ihre Plätze entlang der Ruderbänke herunterzulassen und die Mannschaft zu beruhigen.

Die Jungen merkten nun, dass sie Fortschritte machten. Sie machten zwar langsam Fortschritte, aber sicher, und Marco erkannte, wo die Ursache für sein Scheitern lag. Er hatte nicht erkannt, wie völlig unwissend all diese Jungen über das ganze Geheimnis der Ruderführung und des gemeinsamen Handelns waren; und außerdem hatte er als Lehrer nicht genug Erfahrung gehabt, um zu wissen, wie kurz die Schritte sein müssen, um eine Wissenschaft oder Kunst zu lehren, die völlig neu ist.

Auf die gleiche langsame und vorsichtige Weise brachte Forester den Jungen bei, die Blätter ihrer Ruder auf den Befehl „ *Lass fallen* " sanft ins Wasser fallen zu lassen. Er unterrichtete einen nach dem anderen, wie zuvor, wobei jeder Junge die Ruderblätter ins Wasser fallen ließ und die Mitte des Ruders in die Rudersperre gleiten ließ, während er den Griff zum Rudern in seinen

Händen hielt. Dann befahl er ihnen, ohne sie rudern zu lassen, noch einmal zu *werfen* ; das heißt, die Ruder aus dem Wasser zu heben und in der Luft zu halten, wobei das Ende des Griffs auf der Ruderbank ruht. Er trainierte sie eine Zeit lang in dieser Übung, bis sie sie mit Leichtigkeit, Regelmäßigkeit und Schnelligkeit bewältigen konnten. Dann gab er den Befehl „ *Besatzung entspannt* " und ließ die Jungen sich ausruhen und sich unterhalten.

Während sie sich ausruhten, paddelte Forester mit ihnen herum. Die Jungen fragten ihn, wann er sie rudern lassen würde, und Forester sagte ihnen, dass sie vielleicht für einen Tag genug geübt hätten, und wenn sie wollten , würde er nichts mehr von ihnen verlangen , sondern sie herumpaddeln und sie lassen amüsieren sich. Aber sie wollten alle unbedingt Rudern lernen. Also stimmte Forester zu.

Er brachte ihnen den Umgang mit dem Ruder bei, und zwar auf die gleiche langsame und vorsichtige Art und Weise, durch die seine vorherigen Unterweisungen gekennzeichnet waren. Er ließ einen nach dem anderen lernen und erklärte ihm jede Bewegung genau. Während jeder nacheinander diese Anweisungen ausführte, schauten die anderen zu und beobachteten alles sehr aufmerksam, um bereit zu sein, wenn sie an die Reihe kommen würden. Schließlich, als sie getrennt gerudert hatten, versuchte er es zuerst mit zwei, dann mit vier und dann mit sechs zusammen und trainierte sie schließlich so sehr, dass sie den Schlag sehr gut halten konnten. Während sie auf diese Weise zogen, schoss das Boot sehr schnell vorwärts. Wenn er wollte, dass sie aufhörten, rief er „ *Ruder* ". Dies war der Befehl für sie, mit dem Rudern aufzuhören, nachdem sie den begonnenen Ruderschlag beendet hatten, und die Ruder in horizontaler Position zu halten, wobei sich die Blätter knapp über dem Wasser befanden, damit sie jederzeit von neuem beginnen konnten, wenn er den Befehl geben würde.

Zunächst neigten die Jungen dazu, sofort anzuhalten, selbst wenn sie sich mitten im Schlag befanden, wenn sie den Befehl hörten, *Ruder* . Aber Marco sagte, dass das falsch sei; Sie müssten den Schlag beenden, sagte er, wenn sie damit begonnen hätten, und dann würden alle regelmäßig gemeinsam die Ruder aus dem Wasser nehmen. Forester achtete auch darauf, den Befehl immer zwischen der Mitte und dem Ende eines Schlags zu erteilen, so dass die Befolgung des Befehls unmittelbar nach der Erteilung erfolgte.

Auf diese Weise konnte Forester sie sofort stoppen, wenn etwas schief ging. Er befahl „ *Vorfahrt* ", und dann begannen alle Jungen, an den Rudern zu ziehen. Sobald einer von ihnen den Schlag verlor, oder wenn irgendwelche Ruder zu stören begannen oder andere Schwierigkeiten oder Unfälle auftraten, gab er sofort den Befehl: „ *Ruder* ." Dies würde das Rudern sofort stoppen, bevor die Schwierigkeit ernst würde. Dann, nach einer kurzen Pause, sagte er erneut: „ *Vorfahrt* ", und sie begannen wieder gemeinsam zu

rudern. Die ganze Zeit saß er im Heck und steuerte das Boot, wohin sie
wollten.

Gutes Rudern.

Marco wollte, dass Forester den Jungen beibrachte, wie man Wasser
zurückhält, Ruder zieht, die Ruder in die Spitze bringt und verschiedene
andere Entwicklungen durchführt. Aber Forester ging nur sehr langsam mit
neuen Manövern um, bevor er sich mit den alten völlig vertraut gemacht
hatte. Dementsprechend verbrachte er fast eine Stunde damit, auf dem Teich
auf und ab zu rudern, um die Jungen mit dem Rudern vertraut zu machen.
Er stellte fest, dass sie, wie es eigentlich bei Anfängern in der Ruderkunst
allgemein der Fall ist, sehr dazu neigten, immer schneller zu rudern , das
heißt, ihre Schläge zu beschleunigen, anstatt regelmäßig zu rudern und stets
die gleiche Zeit beizubehalten. In Bezug auf diesen Fehler verbesserten sie
sich jedoch allmählich, und am Nachmittag begann Marco zu glauben, dass
sie eine ganz gute Mannschaft seien. Sie übten in der zweiten Hälfte des
Nachmittags mehrere neue Entwicklungen, und kurz vor der Teezeit gingen

sie alle nach Hause, sehr zufrieden mit dem Vergnügen des Nachmittags und mit den neuen Kenntnissen und Fähigkeiten, die sie erworben hatten. Außerdem planten sie für die folgende Woche einen weiteren Ausflug.

Kapitel X.

Eine Expedition.

Forester und Marco haben die Besatzung ihres Bootes im Laufe von ein oder zwei Wochen gut ausgebildet, und an einem schönen Tag im September planten sie eine lange Expedition in ihrem Boot. Die Jungen versammelten sich um ein Uhr im Haus des Bootsbesitzers. Zwei von ihnen trugen einen großen Korb, den Forester bereitgestellt hatte. Es war ziemlich schwer und sie wussten nicht, was darin war; aber sie vermuteten, dass es sich um einen Vorrat an Vorräten für ein Abendessen handelte, für den Fall, dass sie längere Zeit weg waren und ein Abendessen brauchten. Forester trug auch ein Beil.

Auf den richtigen Befehl hin stiegen die Jungen in das Boot und nahmen ihre verschiedenen Stationen ein. Marco nahm seinen Platz nach vorne ein, um als Bogenschütze zu fungieren. Es ist die Pflicht des Bugmanns, nach vorne Ausschau zu halten, damit das Boot nicht in Gefahr gerät; und auch, wenn das Boot an Land kommt, zuerst auszusteigen und es am Maler, das heißt an der Leine, die am Bug befestigt ist, festzuhalten, während die anderen aussteigen. Marco hatte eine Stange mit einer Eisenspitze und einem Eisenhaken am Ende, mit der er, wie man es nannte, *abwehrte*, wenn das Boot in Gefahr war, gegen ein Hindernis zu fahren. Dies wurde Bootshaken genannt.

„*Achtung!*" sagte Forester, als die Jungen alle saßen.

„*Werfen!*"

Daraufhin hoben die Jungen die Ruder in die Luft und waren bereit, sie ins Wasser fallen zu lassen.

„*Lass fallen!*" sagte Forester. Die Ruder fielen alle sanft und gleichzeitig an ihren Platz.

„*Vorfahrt!*" sagte Forester.

Das Boot begann sofort, unter dem Impuls, den die Jungen ihm beim Rudern gaben, schnell über das Wasser zu gleiten. „*Besatzung entspannt*", sagte Forester.

Also ruderten die Jungen weiter, verstanden aber, dass sie die Freiheit hatten, zu reden. Einer von ihnen wollte wissen, wohin Forester mit ihnen ginge; Aber Forester sagte, es verstoße völlig gegen die Disziplin an Bord eines Kriegsschiffes, wenn die Besatzung den Kapitän frage, wohin sie gehe. „Außerdem", sagte Forester, „obwohl ich es Ihnen leicht sagen könnte, denke ich, dass Sie die Expedition mehr genießen werden, wenn Sie vorher nichts darüber wissen, sondern alles so nehmen, wie es kommt."

Forester steuerte das Boot so, dass es in einiger Entfernung von ihrem Ausgangspunkt auf ein Ufer zusteuerte, auf dem in der Nähe des Wassers ein dichter Wald aus Tannen und anderen immergrünen Pflanzen wuchs. Als sie dem Land ziemlich nahe gekommen waren, gab er den Befehl, aufmerksam zu sein, damit sie Stillschweigen wahren könnten, während sie alle hier erforderlichen Manöver durchführten . Der nächste Befehl lautete: *Ruder* . Daraufhin hörten die Ruderer auf zu rudern und hielten ihre Ruder horizontal über das Wasser. Das Boot glitt inzwischen dem Ufer entgegen .

„ *An Bord!* " sagte Forester.

Dann hob die Mannschaft sanft ihre Ruder in die Luft, führte sie über ihre Köpfe hinweg ins Boot und legte sie in der richtigen Position in der Mitte des Bootes auf die Ruderbänke. Aufgrund dieses Befehls ging die Besatzung davon aus, dass Forester landen würde.

„Helfen Sie mit, Mr. Bowman", sagte Forester, „und wehren Sie sich vom Ufer ab."

Forester hatte das Boot mit seinem Paddel bis zu einem Baumstamm gelenkt, der am Rande des Wassers lag, und Marco wehrte sich zunächst gegen den Baumstamm, um zu verhindern, dass das Boot hart aufschlug, und hielt sich dann daran fest Mit seinem Haken brachte er es in eine gute Landeposition und hielt es sicher.

„ *Besatzung an Land* ", sagte Forester.

Die Mannschaft, die alle diese Befehle im Zuge der wiederholten Anweisungen von Forester und Marco gelernt hatte, begann aufzustehen, zum Bug des Bootes zu gehen und an Land zu gehen. Marco landete als Erster und hielt das Boot mit seinem Bootshaken fest, während die anderen ausstiegen. Dann befahl Forester Marco, das Boot festzumachen, bis sie wieder zur Einschiffung bereit waren.

Dann ging Forester mit seinem Beil in der Hand ein Stück in den Wald hinauf und begann, sich zwischen den Bäumen umzusehen. Schließlich wählte er einen kleinen Baum mit rundem, geradem Stamm aus und begann ihn zu fällen. Die Jungen versammelten sich um ihn und fragten sich, wozu es gut sein könnte. Forester lächelte und arbeitete schweigend weiter, wobei er sich weigerte, ihre Fragen zu beantworten. Marco sagte, es sei für einen Mast, das wusste er, aber als sie ihn fragten, wo das Segel sei, schien er ratlos und konnte nicht antworten.

Als der Baum jedoch gefällt wurde, wurde klar, dass er nicht als Mast verwendet werden sollte, denn Forester begann sofort damit, ihn in Stücke von etwa zwei Fuß Länge zu zerteilen. Was sein Entwurf sein könnte, konnten sich die Jungen überhaupt nicht vorstellen. Er sagte nichts, sondern befahl den Jungen, diese Längen eine nach der anderen zu nehmen und ins Boot zu legen. Insgesamt waren es fünf. Dann befahl er der Besatzung wieder an Bord. Marco stieg als Letzter ein. Als alle saßen, wurde der Befehl zum Abstoßen gegeben, die Ruder wurden *geworfen* und dann ins Wasser *fallen gelassen*. Er befahl ihnen, zuerst *das Wasser zurückzusetzen*, wodurch das Boot vom Land in tiefes Wasser zurückgedrängt wurde. Dann befahl er ihnen, *Vorfahrt zu geben*, und indem er gleichzeitig das Heck des Bootes mit seinem Paddel umrundete, ließ er das Boot schnell den Bach hinunterschießen.

Das Boot fuhr schnell am Ufer des Teiches entlang, und bald, als es an einem bewaldeten Punkt vorbeikam, erschienen die Mühlen in Sicht. Als sie sich den Mühlen näherten, blieben sie ziemlich nahe am Ufer und landeten schließlich knapp über dem Damm.

Forester befahl der Mannschaft, an einer Stelle an Land zu gehen, wo eine Straße zum Wasser hinabführte. Diese Straße wurde von den Teams gebaut, die herunterkamen, um Baumstämme und Bauholz aus dem Wasser zu holen. Auf Foresters Anweisung hin zogen die Jungen den Bug des Bootes ein Stück an Land. Dann befahl er den Jungen, die Stammstücke des Bäumchens herauszunehmen, und eines davon legte er als Rolle unter den Bogen. Die Jungen ergriffen dann die Seiten des Bootes, drei auf jeder Seite, jeder Junge gegenüber seiner eigenen Ruderschleuse, während Marco bereit stand, eine weitere Rolle unterzuschieben. Der Aufstieg verlief sehr langsam, so dass sich das Boot leicht hinaufbewegte, und die Jungen waren sehr überrascht und erfreut, ihr Boot so auf das Land treiben zu sehen.

Es schien ihnen eine große Kraftanstrengung zu sein, ein so großes Boot so leicht und schnell eine solche Anhöhe an Land hinaufbringen zu können. Dabei halfen ihnen zwei Prinzipien. Das eine war die Kombination ihrer Kräfte in einer gemeinsamen Anstrengung, das andere war der Einfluss der Rollen, die Reibung des Bootsbodens am Boden zu verhindern.

Mittlerweile befand sich das Boot mit seiner ganzen Länge außerhalb des Wassers und ruhte auf vier Rollen, die Marco beim Vorwärtskommen eine nach der anderen unter das Boot gelegt hatte. Forester rief dann: „ *Vorwärts mit ihr!* ", als die Jungen etwa zwei Schritte weitergingen. Dann würde Forester den Befehl „ *Halten* " geben und sie würden anhalten. Zu diesem Zeitpunkt kam hinten eine der Rollen heraus, und Marco nahm sie auf, trug sie nach vorne und legte sie unter den Bug, und Forester sagte dann noch einmal: „ *Vorwärts mit ihr!* " und das Boot tat es sofort Gehen Sie wieder den Abhang hinauf.

Die Portage.

In wenigen Minuten war das Boot so auf eine Art Straße gerollt, wo der Weg eben war. Hier ging es ganz einfach. Plötzlich begann es abzusteigen, und bald sahen die Jungen, dass Forester eine Art Pfad nahm, der über ein sanftes Gefälle zum Wasser direkt unterhalb der Mühle führte. Sie freuten sich sehr darüber, denn da sie bereits viele Ausflüge auf dem Mühlenteich gemacht hatten, hatten sie ihn in allen seinen Teilen kennengelernt und waren von der Idee, neue Gebiete zu erkunden, sehr angetan. Als sie an der Unterseite der Mühle zum Wasser hinabstiegen, mussten sie sich natürlich nicht anstrengen, das Boot zu ziehen, da sein eigenes Gewicht mehr als ausreichte, um es auf den Rollen nach unten zu tragen. Sie mussten es nur zurückhalten, um zu verhindern, dass es zu schnell herunterlief, und um es richtig geführt zu halten.

„Es geht ganz einfach runter", sagte Marco; „Aber ich sehe nicht, wie du es jemals wieder zurückbekommen wirst."

Tatsächlich war es ein langer und ziemlich steiler Abstieg. Die Jungen dachten, dass es viel mehr Kraft erfordern würde, als sie aufbringen könnten, um das Boot eine solche Neigung *hinaufzubringen* . Forester sagte ihnen, sie sollten keine Angst haben. Er sagte, dass ein guter Kommandant seinen Männern nie zu viel auferlegen oder sie freiwillig in Schwierigkeiten bringen würde, ohne vorher einen Ausweg zu planen.

Bald erreichten sie wieder den Rand des Wassers. Hier fanden sie anstelle des breiten und glatten Teichs, den sie über dem Damm hatten, einen Bach, der wirbelnd und schäumend schnell zwischen Felsen und Baumstämmen hinabfloss. Etwas weiter unten gab es auch eine Brücke über den Bach. Die Jungen hatten ein wenig Angst davor, sich auf eine scheinbar ziemlich gefährliche Schifffahrt zu begeben, aber sie hatten Vertrauen in Forester und gehorchten daher bereitwillig, als Forester der Mannschaft den Befehl gab, an Bord zu gehen.

„Nun, Herr Bowman", sagte Forester, „halten Sie scharf Ausschau nach Steinen und Baumstümpfen und wehren Sie sich gut ab, wenn Gefahr droht."

Also kniete Marco auf einem kleinen Sitz am Bug des Bootes und schaute ins Wasser vor sich, während Forester das Boot mit seinem Paddel antreibt und steuert. Sie kamen langsam und auf einem sehr gewundenen Kurs voran, um den Felsen und Untiefen auszuweichen, und schließlich gelangten sie knapp oberhalb der Brücke zu einem breiteren und glatteren Wasserdurchgang: und hier befahl Forester die Ruder auszufahren. Es gab nur Platz für vier oder fünf Schläge, bevor sie die Brücke erreichten, und unter der Brücke gab es nur einen sehr schmalen Durchgang, durch den sie hindurchgehen konnten. Dieser Durchgang befand sich zwischen einem der Pfeiler und einem Kiesbett. Als sie darauf zugingen, rief Forester: „ *Gebt kräftig nach!* " und alle Jungen zogen mit aller Kraft an den Rudern, ohne jedoch die Schläge zu beschleunigen. Dadurch kam das Boot schnell voran, und dann gab Forester den Befehl zum *Nachlaufen* , als die Jungen gleichzeitig die Ruder aus den Ruderschlössern hoben und sie neben dem Boot im Wasser treiben ließen. Da das Boot sehr schnell vorankam, wurden die Ruder sofort dicht an die Seite gezogen und waren somit nicht im Weg, und das Boot glitt sicher und schnell durch den Durchgang und tauchte dahinter in eine breitere Fläche glatten Wassers auf.

„ *Erholen Sie sich!* ", sagte Forester. Dann brachten die Jungen durch ein besonderes Manöver , das sie durch viel Übung gelernt hatten, ihre Ruder in die Ruderschlösser zurück und hoben die Ruderblätter aus dem Wasser, um sie in eine Ruderposition zu bringen. „ *Vorfahrt!* " sagte Forester, und sofort waren sie alle in Bewegung, das Boot glitt schnell den Bach hinunter.

Nachdem sie einige Minuten auf diese Weise weitergemacht hatten, befahl Forester, die Ruder *hochzuziehen* und beruhigte die Mannschaft. Wenn die Ruder hochgezogen sind , sind sie ein wenig *nach hinten gezogen* , so dass der Griff jedes Ruders unter einer Art Klampe oder Leiste geführt werden kann, die an der Innenseite des Bootes nahe der Oberkante desselben verläuft. Dadurch bleibt das Ruder fest an seinem Platz, ohne dass es festgehalten werden muss, da sich der Griff unter dieser Klampe befindet, während die Mitte des Ruders im Ruderschloss ruht. Dadurch werden die Ruderer von der Notwendigkeit befreit, ihre Ruder zu halten, und dennoch sind alle Ruder bereit, jederzeit wieder ergriffen zu werden, wann immer es wünschenswert erscheint, mit dem Rudern zu beginnen.

Währenddessen trieb das Boot langsam den Bach hinunter. Das Wasser war hier tief und verhältnismäßig ruhig, und die Jungen vergnügten sich damit, über die Seitenwände in die Tiefe des Wassers zu schauen. Sie glitten geräuschlos über verschiedene Objekte hinweg – bald ein großer flacher Felsen, bald ein versunkener Baum und bald ein Bett aus gelbem Sand. Hin und wieder befahl Forester, die Ruder auszufahren und die Ruderer für ein paar Schläge nachzugeben, um dem Boot das zu geben, was sie Steuerweg nannten, das heißt einen Weg durch das Wasser, so dass sie das Paddel in einem hielten Position oder die andere würde es steuern. Auf diese Weise lenkte Forester das Boot in die richtige Richtung und hielt es ziemlich nahe der Mitte des Baches.

Dieser Mühlenbach mündete, wie bereits erwähnt, in den Fluss, und das Boot näherte sich nun schnell der Kreuzungsstelle. Wenige Minuten später kam der Fluss in Sicht. Die Jungen konnten es in einiger Entfernung vor sich sehen, wie es mit großer Geschwindigkeit an einer felsigen Landzunge vorbeirannte, die eine Seite der Bachmündung bildete.

„Nun, Jungs", sagte Forester, „ist es für uns sicher, in diese Strömung hinauszugehen?"

„Ja", sagte Marco, „auf jeden Fall – lass uns gehen."

„Vielleicht werden wir uns in die Rippen stürzen", sagten einige der Jungen.

„Egal, ob wir es tun", sagte Marco; „Es ist nicht tief in den Rissen, und natürlich besteht keine Gefahr."

„Das ist sicherlich zu unseren Gunsten", sagte Forester. „Wenn die Strömung stark wird, ist sie dort mit Sicherheit flach, so dass wir nicht ertrinken, wenn wir uns aufregen ; und wo sie so tief ist, dass es für uns gefährlich wird, hineinzukommen, ist sie immer ruhig, und Es besteht also keine Gefahr einer Störung."

„Was ist der Grund dafür?" sagte einer der Jungen.

„Der Grund wird auf diese Weise angegeben", sagte Forester, „in der Hochschulmathematik: Die Geschwindigkeit eines Stroms verhält sich umgekehrt wie die Fläche des Abschnitts."

Die Jungen verstanden solche mathematischen Ausdrücke nicht, und so kleidete Forester seine Erklärung in eine andere Sprache. Er sagte, dass dort, wo der Bach flach oder schmal sei, die Strömung schneller sein müsse, um das gesamte Wasser auf so kleinem Raum hindurchzubekommen, wo er jedoch tief sei, könne es langsamer fließen.

Forester ließ seine Mannschaft auf der felsigen Spitze landen, von der aus sie eine sehr schöne Aussicht auf den Fluss hatte. Er schlug ihnen vor, dort zu Mittag zu essen, und sie stimmten dem zu. Sie gingen also zurück zum Rand der Felsen, wo es einen kleinen Baumhain gab, und setzten sich auf einen Baumstamm, der durch die Einwirkung des Wassers bei Überschwemmungen glattgeschliffen und von der Sonne gebleicht worden war.

Am Ufer lagen jede Menge trockene Stöcke und Holzplatten herum, die Forester der Mannschaft einzusammeln befahl, um ein Feuer anzuzünden. Es war nicht kalt, und sie brauchten kein Feuer zum Kochen, aber ein Feuer würde fröhlich und angenehm aussehen, und deshalb machten sie eines. Forester hatte ein paar Streichhölzer in der Tasche. Zwei Besatzungsmitglieder holten den Korb vom Boot, und als sie ihn öffneten, fanden sie einen reichlichen Vorrat an Proviant. Es gab ein Dutzend oder mehr runde Kuchen und einen großen Apfelkuchen, der, da es nur acht waren, jedem einzelnen fünfundvierzig Grad gab. Es gab auch einen Krug Milch und einen silbernen Becher, den Foresters Mutter ihnen für den Ausflug geliehen hatte, um daraus zu trinken.

Die Jungen, deren Appetit durch die Anstrengungen beim Tragen des Bootes um die Wasserfälle und beim Rudern geschärft worden war, hörten nicht auf zu essen, bis die Vorräte völlig aufgebraucht waren, und dann trugen sie den leeren Korb zurück zum Boot. Bald darauf berief Forester einen sogenannten Kriegsrat ein, um über die Frage zu beraten, ob sie besser den Fluss hinuntergehen sollten. Er sagte, er wolle ihr wahres und bewusstes Urteil in dem Fall. Er wollte nicht, dass sie nur sagten, was sie wollten, sondern was sie im Großen und Ganzen für das Beste hielten. Er sagte ihnen, dass er sich nicht von ihrem Rat *leiten* lassen sollte , sondern dass er, nachdem er alles gehört hatte, was sie zu sagen hatten, nach seinem eigenen Urteil handeln sollte.

„Was nützt es dann überhaupt, uns zu fragen?" sagte Marco.

„Was Sie sagen werden, könnte mein Urteil ändern. Ich habe nicht gesagt, dass ich nach meinem jetzigen Urteil entscheiden werde, sondern so, wie es sein wird, nachdem ich gehört habe, was Sie zu sagen haben. Ich werde vielleicht beeinflusst werden." nach Ihren Gründen, aber ich werde selbst entscheiden. Das ist die Theorie eines Kriegsrates. Der Befehlshaber mag von den Argumenten seiner Subalternen beeinflusst werden, aber er lässt sich nicht von deren Stimmen leiten."

Forester forderte dann nacheinander jeden der Jungen auf, seine Meinung zu diesem Punkt zu äußern. Marco war dafür, flussabwärts zu fahren, aber alle anderen meinten, obwohl sie sagten, dass sie sehr gerne gehen würden, dass dies nicht stimmen würde, da es fast unmöglich sein würde, das Boot wieder über die Rippen zu bringen. Nachdem die Beratung abgeschlossen war, sagte Forester: „Nun, Jungs, ihr habt alle kluge Meinungen geäußert, außer Marco, und seine ist nicht klug. Jetzt gehen wir an Bord des Bootes."

„ *Besatzung an Bord!* ", sagte Forester. Die anderen Befehle folgten in schneller Folge: *Achtung! Werfen! Lass es fallen! Rückstau! Ruder! Vorfahrt beachten!* Als die Jungen hörten, was Forester über die Weisheit ihrer verschiedenen Meinungen gesagt hatte, hielten sie es für entschieden, dass sie nun zur Mühle zurückkehren würden; aber wie sie das Boot wieder über den Damm bringen sollten, wussten sie nicht, obwohl sie nicht daran zweifelten, dass Forester einen guten Plan hatte, den er ihnen nicht erklärt hatte. Anstatt jedoch den Kopf des Bootes flussaufwärts zu drehen, richtete Forester es auf den Fluss. Sie vermuteten, dass er zum Ufer des Flusses hinausgehen würde und dass er dann umkehren und zurückkommen würde; Doch zu ihrem völligen Erstaunen drängte er kühn direkt in die Strömung hinein, und dann schwenkte das Boot mitten in den Strom und schoß den Fluss hinab, während er der Mannschaft kräftig zurief, sie solle nachgeben Fluss über die Rippen wie ein Pfeil.

Die Expedition.

„Gebt nach, Jungs, herzlich", sagte Forester. „Geben Sie stark nach."

Die Jungen zogen mit aller Kraft und das Boot fuhr immer schneller. Forester hielt es in der Mitte der Strömung, wo das Wasser am tiefsten war, obwohl es selbst hier sehr flach war. In der Zwischenzeit hielt Marco, der am Bug stationiert war, scharf Ausschau nach vorne und machte Forester auf jede drohende Gefahr aufmerksam. Sie gelangten bald durch die Risse und gelangten in das tiefe und ruhige Wasser darunter, wo die Strömung sanft und die Oberfläche glatt war. Hier befahl Forester, die Ruder hochzuziehen , und die Mannschaft beruhigte sich.

„Wir werden nie wieder in die Welt zurückkehren", sagte einer der Jungen; „Vierzig Männer konnten das Boot nicht diese Risse hinaufrudern."

„Lass es uns versuchen", sagte Forester. Also befahl er, die Ruder wieder auszufahren und das Boot in Fahrt zu bringen. Er drehte den Kopf so, dass er stromaufwärts zeigte, und forderte die Mannschaft auf, kräftig nachzugeben, und zwang sie zurück in das reißende Wasser. Sie gingen auf ein paar Ruten, aber lange bevor sie den schnellsten Teil erreichten, stellten sie fest, dass sie trotz all ihrer Anstrengungen nicht weiterkommen konnten.

Das Boot schien stillzustehen. „ *Ruder* ", sagte Forester. Die Jungen hörten auf zu rudern und hielten ihre Ruder knapp über dem Wasser in die Luft. Dann drehte Forester das Boot mit seinem Paddel wieder um und sagte: „Wenn wir nicht hinauf können, können wir flussabwärts fahren." Dann befahl er der Mannschaft, erneut nachzugeben, und sie begann, schnell den Fluss hinunterzugleisen.

Die Jungen fragten sich, wie Forester zurückkommen würde, aber er sagte ihnen, sie sollten sich in dieser Hinsicht keine Sorgen machen. „Diese Verantwortung liegt bei mir", sagte er.

„Aber wie kamst du hierher", sagte Marco, „als du sagtest, mein Rat sei nicht gut?"

„Ich sagte, deine Meinung sei nicht klug. Die Jungs, die mir geraten haben, nicht zu kommen, waren klüger als du. Sie haben bessere Ratschläge gegeben, soweit sie und du den Fall verstanden haben. Aber ich weiß etwas, was du nicht weißt, wie es üblich ist Kommandeure – und deshalb bin ich heruntergekommen. Angesichts all dessen, was *Sie* wissen, wäre es das klügste gewesen, umzukehren, aber angesichts all dessen, was *ich* weiß, ist es das klügste, herunterzukommen."

Die Neugier der Jungen wurde sehr geweckt, zu erfahren, was Forester wissen könnte, was es sinnvoll machen könnte, den Fluss hinunterzukommen; aber Forester wollte keine Erklärungen abgeben. Er sagte, dass die Kommandeure ihren Besatzungen gegenüber im Allgemeinen nicht sehr kommunikativ seien. In der Zwischenzeit fuhr das Boot weiter, manchmal schoß es schnell durch die Stromschnellen und manchmal schwamm es ruhiger und stiller auf der Oberfläche des stilleren Wassers. Auf diese Weise legten sie mehr als eine Meile zurück, genossen die Reise sehr und bewunderten die abwechslungsreiche Landschaft, die sich ihnen an jeder Biegung des Baches bot.

An einer Stelle landeten die Jungen an einem kleinen Sandstrand unter einigen überhängenden Felsen. Sie vergnügten sich damit, eine Zeit lang auf den Felsen herumzuklettern, dann befahl man ihnen wieder an Bord und segelte weiter.

Nun geschah es, dass der Fluss auf dem Teil seines Laufs, über den diese Reise geführt worden war, einen großen Bogen machte, und obwohl sie seinem Lauf über mehr als eine Meile gefolgt waren, näherten sie sich nun einem Ort, der es nicht war sehr weit vom Haus von Foresters Vater entfernt , etwa so weit darunter, wie die Stelle im Mühlenteich, wo das Boot hingehörte, darüber lag. Als sie sich der Stelle näherten, an der sich der Fluss wieder wendete, sah Marco, der zuvor hinausgeschaut hatte, eine Art Anlegestelle, auf der ein Mann stand, zusammen mit einem Gespann

Ochsen. Es war gerade Sonnenuntergang, als sie sich dieser Stelle näherten. Als sie dort ankamen, war das ganze Geheimnis geklärt, denn sie fanden heraus, dass es sich bei dem Mann um James handelte, der bei Foresters Vater lebte , und dass die Ochsen die Ochsen seines Vaters waren. James war nach einer Verabredung, die Forester heimlich mit ihm vereinbart hatte, mit den Ochsen und einer Schleppe herabgekommen, und mit ihnen zog er das Boot über eine Nebenstraße, die direkt über die Weiden führte, wieder zum Mühlenteich und warf es sicher wieder ins Wasser, in der Nähe der Wohnung seines Besitzers. So hatten die Jungen sozusagen das Vergnügen, bergab zu rutschen, ohne ihre Schlitten wieder hochziehen zu müssen.

Der Widerstand.

Marco war mit dieser Expedition sehr zufrieden. Als sie nach Hause kamen, erzählte ihm Forester, dass die Indianer ihre Kanus oft um Wasserfälle herum oder von einem Fluss zum anderen trugen und dass solche Trageorte *Portages genannt würden* .

KAPITEL XI.

IM WALD VERLAUFEN.

Während Marco Paul in Vermont war, erlebten er und Forester ein bemerkenswertes Abenteuer im Wald. Sie verirrten sich tatsächlich, und eine Zeit lang schien es ziemlich zweifelhaft, wie sie jemals den Weg nach Hause finden sollten. Es geschah so.

Eines Morgens im Herbst des Jahres fragte Marco, als er mit James zur Scheune ging, James, was er an diesem Tag tun würde.

„Ich erwarte, dass ich Äpfel pflücken werde", sagte James.

„Na ja", sagte Marco. „Gehst du in den Einkaufswagen?"

„Ja", sagte James.

„Und darf ich mitkommen?" fragte Marco.

„Ja", sagte James.

„Und beim Sammeln der Äpfel helfen?", sagte Marco.

„Ja", sagte James.

„Und die Ochsen ein Stück weit treiben?" fragte Marco.

„Ja", sagte James.

"Also." sagte Marco. „Ich werde rennen und meinen Stachelstock holen."

Marco ging zum Haus, um hineinzugehen und seinen Stachelstock zu holen. Auf seinem Weg traf er seinen Onkel. Sein Onkel fragte ihn, ob James draußen in der Scheune sei. Marco sagte, dass das der Fall sei, und sein Onkel bat ihn dann, James zu bitten, zu ihm zu kommen. Marco tat es und er und James gingen dann gemeinsam zum Haus.

Marcos Onkel stand auf der Stufe der Tür.

„James", sagte er, „ich dachte, wir sollten nach den Pferden schicken – und die Äpfel sollten auch gepflückt werden. Was ist das Beste?"

„Ich weiß es kaum, Sir", sagte James. „Es ist höchste Zeit, dass die Äpfel geerntet werden, und doch haben wir versprochen, heute die Pferde zu holen."

„Ich kann gehen und die Pferde holen", sagte Marco, „genauso gut wie nicht. Wo ist es?"

„Oh nein", sagte sein Onkel. „Es ist zehn oder fünfzehn Meilen von hier entfernt. Nicht wahr, James?"

„Ja", sagte James, „an der Straße. Ich schätze, es sind etwa *vier* Meilen durch den Wald. Ich hatte vor, dorthin zu gehen, durch den Wald, und dann um die Straße herum nach Hause zu kommen . Es ist eine ziemlich holprige Straße." für Pferde durch den Wald.

„Lass Cousin Forester und mich gehen", sagte Marco. „Ich werde hingehen und ihn fragen."

Also machte sich Marco auf den Weg und fand Forester. Als Forester von dem Plan hörte , war er durchaus geneigt, ihm zuzustimmen. Er war seit einiger Zeit intensiv mit dem Lernen beschäftigt und hatte nur sehr wenig Bewegung und Erholung, so dass er leicht zu einer Expedition überredet werden konnte. Über den Plan war man sich bald einig. Die Pferde waren etwa zwölf Meilen flussaufwärts bei einem Bauern auf die Weide gebracht worden. Während dieser zwölf Meilen nahm der Fluss eine große Wendung, so dass die Farm, auf der die Pferde weideten, in einer geraden Linie nicht mehr als vier Meilen von Mr. Foresters Haus entfernt war. Aber das Zwischenland war eine trostlose und fast unpassierbare Region aus Wäldern und Bergen. Es gab zwar eine Art Fußweg, über den Männer durchkommen konnten, aber dieser Weg war gefährlich und für Pferde tatsächlich fast unpassierbar. Also hatte James den Plan gefasst, auf dem Weg durch den Wald zu gehen und dann auf der Straße nach Hause zu kommen, auf einem der Pferde zu reiten und das andere zu führen.

Forester und Marco beschlossen, denselben Plan zu übernehmen; mit der Ausnahme, dass sie, wenn sie nach Hause kamen, jeweils nur ein Pferd zum Reiten zur Verfügung hatten. Unterwegs packten sie etwas Proviant zum Essen zusammen und packten es in Marcos Rucksack. Als der Rucksack fertig war, wurde er auf Marcos Rücken geschnallt, denn er bestand darauf, ihn zu tragen. Forester stimmte dieser Vereinbarung zu, beabsichtigte jedoch insgeheim, Marco nicht zu erlauben, die Last sehr weit zu tragen.

Forester fragte James, ob es auf dem Weg irgendwelche Schwierigkeiten geben würde. James sagte, dass es das nicht geben würde. Der Weg war zwar nicht leicht zu begehen, aber sehr leicht zu finden.

„Gehen Sie weiter", sagte er, „ungefähr eine dreiviertel Meile entlang der Nebenstraße, und dann kommen Sie zu einem kleinen Schulhaus auf der linken Straßenseite, auf einer Art Hügel. Es ist drin." der Jones-Bezirk."

„Was ist das für ein Schulhaus?" fragte Forester.

„Es ist ein kleines Schulhaus mit einer kleinen Kuppel oben", sagte James, „als Glocke. Es steht auf einer Anhöhe am Straßenrand. Gleich dahinter biegt die Hauptstraße nach rechts ab.", und es gibt eine schmalere Straße, die nach links durch ein Tor führt. Sie müssen durch dieses Tor gehen und dann dem Pfad in den Wald folgen."

„Wir können es finden, denke ich", sagte Forester.

„Ja", sagte Marco, „ich kenne den Ort sehr gut."

Forester meinte, dass sie ohne Schwierigkeiten den Weg finden würden, und so verabschiedeten er sich von seinem Onkel und seiner Tante und machten sich gemeinsam mit Marco auf den Weg.

Sie gingen durch den Garten und aus dem Garten gelangten sie durch ein kleines Tor in den Obstgarten. Marco wollte diesen Weg gehen, um ein paar Äpfel zu besorgen. Er wählte zwei von seinem Lieblingsbaum aus, steckte sie in den Rucksack und nahm einen anderen in die Hand, um ihn nebenbei zu essen. Forester tat dasselbe, nur dass er die beiden, die er bei sich trug, in seine Taschen steckte.

Vom Obstgarten aus gingen die Reisenden über ein Feld und hinunter in die Schlucht, und nachdem sie auf einigen Trittsteinen einen Bach überquert hatten, stiegen sie auf der anderen Seite hinauf und kletterten bald über einen Zaun und gelangten in das, was James „die Rückseite" genannt hatte Straße. Sie gingen etwa eine Dreiviertelmeile auf dieser Straße entlang, bis sie schließlich das Schulhaus erblickten. Marco hat es zuerst entdeckt.

„Da", sagte Marco, „das ist das Schulhaus."

„Woher weißt du, dass das der Richtige ist?" fragte Forester.

„Oh, ich kenne den Jones-Bezirk sehr gut", sagte Marco.

In Neuengland ist der zur Gerichtsbarkeit einer Stadt gehörende Teil des Landes in Bezirke unterteilt, die der Errichtung und dem Unterhalt von Schulen dienen. Diese Bezirke werden Schulbezirke genannt, und jeder einzelne ist im Allgemeinen nach einigen der Hauptfamilien benannt, die zufällig darin leben. Es kam vor, dass in diesem Teil der Stadt mehrere Familien mit dem Namen Jones lebten, weshalb ihr Bezirk Jones-Bezirk genannt wurde.

„Woher wissen Sie es zufällig?" sagte Forester.

„Oh, ich bin zwei- oder dreimal mit Thomas Jones hierhergekommen, um meine Eichhörnchenfalle aufzustellen", sagte Marco. „Da ist jetzt Thomas Jones."

"Wo?" fragte Forester.

„Da", sagte Marco und zeigte ein Stück die Straße entlang.

Forester schaute nach vorne und sah auf der Straße vor ihnen einen Jungen, der mit seiner Schiefertafel unter dem Arm auf das Schulhaus zuging. Hinter dem Jungen, auf der Anhöhe auf der linken Straßenseite, befand sich das Schulhaus.

Das Schulhaus .

Das Schulhaus lag nicht weit von der Straße entfernt und dahinter befand sich ein kleines Wäldchen. Hinter dem Schulhaus und fast direkt vor ihnen sahen Marco und Forester, wie die Straße ein wenig nach links zum Tor abbog.

„Da ist das Tor", sagte Marco, „durch das wir gehen müssen."

„Ja", sagte Forester, „das muss es sein."

Forester und Marco gingen weiter, bis sie zum Schulhaus kamen. Thomas kam vor ihnen am Schulhaus an und ging hinein. Forester und Marco gingen weiter und gingen durch das Tor. Dann gingen sie ein kleines Stück hinter dem Tor weiter, bis sie zu zwei Gittern kamen. Marco nahm alle bis auf die oberste Bar herunter, und Forester bückte sich und ging darunter hindurch. Marco versuchte dasselbe; Da er aber vergaß, dass er einen Rucksack auf dem Rücken hatte, bückte er sich nicht tief genug und versetzte seinem Rucksack einen solchen Stoß, dass er fast zu Boden geworfen wurde. Glücklicherweise befand sich darin nichts Zerbrechliches, so dass kein Schaden entstanden ist. Einer seiner Äpfel war ein wenig weicher; das war alles.

Der Weg führte die Reisenden zunächst über eine raue und felsige Weide und gelangte dann plötzlich in einen Wald, in dem alles einen Ausdruck wilder und feierlicher Erhabenheit trug. Die Bäume waren sehr hoch und bestanden aus hohen Stämmen, die eine gewaltige Höhe erreichten und oben von einem Büschel Zweigen gekrönt waren, die zusammen einen breiten Baldachin über den Köpfen der Reisenden bildeten und unten eine Art düstere Dämmerung erzeugten. Vögel sangen klagend auf den Wipfeln entfernter Bäume, und hin und wieder sah man ein Eichhörnchen über den Boden rennen oder den Stamm einer riesigen Hemlocktanne oder Kiefer hinaufklettern.

„Ich hoffe, dass wir uns in diesen Wäldern nicht verirren", sagte Forester.

„Oh, da besteht keine Gefahr", entgegnete Marco. „Der Weg ist sehr einfach."

„Hier scheint es klar zu sein", sagte Forester, „und ich gehe davon aus, dass keine Gefahr bestehen kann, sonst hätte James uns empfohlen, in die andere Richtung zu gehen."

„Wir kommen andersherum nach Hause", sagte Marco. „Ich frage mich, ob es Sättel gibt. Zwölf Meilen wären zu weit, um ohne Sattel zu reiten."

„Ja", sagte Forester, „es gibt Sättel. Ich habe James danach gefragt."

Der Weg, den Forester und Marco einschlugen, begann bald anzusteigen. Zuerst stieg es allmählich an, dann immer steiler, und schließlich begann es sich so zwischen Felsen und Abgründen zu winden, dass Marco sagte, er wundere sich überhaupt nicht, dass James sagte, es sei eine holprige Straße für Pferde.

„Ich denke, es ist ein sehr holpriger Weg für Jungen", sagte Forester.

"Jungen?" wiederholte Marco. „Nennst du dich Jungs?"

„Dann für *Männer* ", sagte Forester.

„Aber *ich* bin kein Mann", sagte Marco.

„Dann sehe ich keine Möglichkeit, meine Idee auszudrücken", sagte Forester.

Marcos Aufmerksamkeit wurde hier durch eine sehr tiefe Kluft auf einer Seite des Weges von den rhetorischen Schwierigkeiten abgelenkt, in die Forester geraten war. Er ging an den Rand und konnte weit unten das Rauschen eines Wildbachs hören.

„Ich möchte einen Stein hinwerfen", sagte Marco. Nachdem er sich einen Moment umgesehen hatte, fand er einen Stein, der etwa so groß war wie sein Kopf. Es gelang ihm, diesen Stein an den Rand des Abgrunds zu bringen und ihn dann umzuwerfen. Es donnerte zwischen den Felsen und Bäumen unten herab, während Marco am Rande stand und dem Klang der Echos und Widerhallen lauschte. Dann holte er einen weiteren Stein, der größer als der erste war, und warf ihn hin; Danach setzten er und Forester ihre Reise fort.

Der Weg war zwar sehr holprig und kurvenreich, aber ziemlich eben; und es ist wahrscheinlich, dass die Reisenden keine Schwierigkeiten gehabt hätten, ihm bis zum Ende ihrer Route zu folgen, wenn nicht ein Vorfall geschehen wäre, mit dem sie überhaupt nicht gerechnet hatten, der sich aber dennoch oft ereignet hat Sie verwirren die Schritte der Bergwanderer und führen dazu, dass sie sich verirren. Dieses Ereignis war ein Schneefall.

Es war noch nicht spät genug im Jahr, um im Tiefland zu schneien, aber auf den Berggipfeln fällt sehr früh im Herbst Schnee. Als Marco und Forester das Haus verließen, hatten sie nicht damit gerechnet, dass es stürmisch werden würde; denn der Wind wehte aus Westen und der Himmel war klar. Als sie jedoch etwa die Hälfte ihrer Reise zurückgelegt hatten, begannen große Schäfchenwolken über die Berge zu ziehen, und plötzlich begann es auf einmal zu schneien. Marco freute sich riesig über den Schneefall. Forester war nicht so erfreut. Andererseits wirkte er etwas besorgt. Er glaubte zunächst nicht, dass der Schnee ihnen ernsthafte Verletzungen zufügen könnte, aber er schien ein unbestimmtes Gefühl der Gefahr zu haben und schien unruhig zu sein. Beide gingen jedoch weiter.

Die Region, durch die der Weg führte, als der Schnee fiel, war ein flaches Stück Land auf dem Gipfel der Bergkette, auf dem hier und da kleine, verstreute Bäume standen. Das Beste, was die Reisenden im Notfall wahrscheinlich getan hätten, wäre wahrscheinlich gewesen, in dem Moment, in dem es zu schneien begann, umzukehren und so schnell wie möglich auf dem Weg zurückzukehren, auf dem sie gekommen waren, sofern sie sich dessen sicher waren den Weg entlanggehen und dann warten, bis der gefallene Schnee geschmolzen ist. Wenn sie dann feststellen würden, dass der Schnee nicht geschmolzen ist und sie den Weg wieder sehen könnten, wäre es besser, ganz zurückzukehren, da ihre Chance, dem Weg zurück zu ihrer Heimat zu folgen, viel größer wäre als die, sie zu verfolgen es vorwärts; denn sie könnten erwarten, bei der Rückkehr eine gewisse Orientierung zu finden, wenn sie den Ort wiedererkennen, den sie beim Aufstieg passiert hatten.

Forester dachte jedoch nicht zufällig daran; Und als es anfing zu schneien, bestand sein einziger unmittelbarer Wunsch darin, so schnell wie möglich voranzukommen, um wieder in den Wald zu gelangen, wo er und Marco einigermaßen geschützt sein würden.

Als Marco feststellte, dass Forester etwas besorgt wirkte, verspürte er selbst ein gewisses Gefühl der Angst.

„Wer hätte gedacht", sagte er, „dass wir in diesen Schneesturm geraten wären?"

„Oh, es ist kein Schneesturm", antwortete Forester. „Es ist nur ein kleines Schneegestöber. Das wird in ein paar Minuten vorbei sein."

„Woher weißt du, dass es kein Schneesturm sein wird?" fragte Marco.

„Weil Stürme nie aus dem Westen kommen", antwortete Forester.

Es schneite jedoch immer schneller und der Boden begann bald ganz weiß zu werden. Forester drängte weiter, doch schon bald war er ratlos. Die Luft war so mit herabfallenden Flocken gefüllt, dass er nur eine sehr kurze Distanz vor sich sehen konnte. Der Blick auf die Wälder und Berge war von allen Seiten abgeschnitten, und nichts war dem Auge zu sehen als die undeutlichen Formen der Felsen und Bäume, die in der Nähe waren . Auch diese waren undeutlich und formlos. Der Boden war bald vollständig bedeckt und jede Hoffnung, den Weg zu finden, verschwand vollständig. Forester ging dann ein kurzes Stück zurück und versuchte, seinen Weg zurückzuverfolgen. Er folgte den Fußspuren ein Stück, doch alle Spuren waren bald verwischt. Als er feststellte, dass die Stufen nicht mehr zu sehen waren, ging er auf einen Baum zu, den er in einiger Entfernung vor sich undeutlich aufragen sah. Es stellte sich heraus, dass es sich bei dem Baum um eine große Hemlocktanne mit weit ausgebreiteten Ästen handelte. Unter diesem Baum befand sich eine Stelle, an der der Boden kahl war und durch die Äste des Baumes vor dem Schnee geschützt war. Unter diesem Baum lagen auch einige Steine. Forester ging auf sie zu und setzte sich. Marco folgte seinem Beispiel.

„Nun, Marco", sagte Forester, „wir sind wirklich verloren."

„Und was machen wir?" fragte Marco mit einem Ausdruck großer Sorge.

„Das Erste ist", sagte Forester, „den Rucksack zu öffnen und zu sehen, was sich darin befindet, das es zu essen gibt."

Also nahm Forester den Rucksack von seinen Schultern – denn er hatte ihn vor einiger Zeit von Marco abgenommen – und legte ihn auf einen großen flachen Stein neben ihm, begann ihn zu öffnen und die Vorräte herauszunehmen.

Forester befürchtete, dass er und Marco in ernste Schwierigkeiten geraten waren, aber er wollte Marco beibringen, dass es in Notfällen dieser Art nichts nützen würde, in Panik oder unnötige Angst zu verfallen. Also nahm er eine unbekümmerte und zufriedene Miene an und traf Vorkehrungen für das Mittagessen, als ob sie dort angehalten hätten, um es aus eigenem Antrieb einzunehmen, und ohne irgendwelche Schwierigkeiten mit der Fortführung der Reise zu haben.

Marco schien jedoch ziemlich unruhig zu sein.

"Was werden wir machen?" sagte er. „Wenn wir uns in diesem Schneesturm verlaufen, müssen wir vielleicht die ganze Nacht im Wald bleiben.“

„Ja“, sagte Forester, „das können wir. Das haben wir schon einmal gemacht.“

Forester spielte hier auf eine Gelegenheit an, bei der er und Marco auf einer Reise durch Maine die Nacht in einer Hütte im Wald verbracht hatten.

„Aber wir hatten damals eine Axt“, sagte Marco, „um ein Lager zu errichten.“

„Ja“, antwortete Forester, „das stimmt. Ich glaube jedoch nicht, dass wir jetzt die ganze Nacht im Wald bleiben müssen. Wir haben *drei* Möglichkeiten, dem zu entgehen.“

„Was sind die drei?“ sagte Marco.

„Erstens“, antwortete Forester, „können wir bleiben, wo wir sind, bis es aufhört zu schneien – tatsächlich hat es jetzt fast aufgehört. Dann gehe ich davon aus, dass die Sonne herauskommen und in einer halben Stunde schmelzen wird.“ weg den ganzen Schnee. Dann können wir unseren Weg wiederfinden und weitergehen.“

„Aber ich glaube nicht, dass es sicher ist, dass wir unseren Weg wiederfinden“, sagte Marco.

„Ich auch nicht“, sagte Forester, „aber es besteht eine Chance. Ich habe nicht gesagt, dass wir drei Gewissheiten haben, sondern drei Chancen.“

„Nun“, sagte Marco; „Mach weiter; was sind die anderen beiden?“

„Wenn wir den Weg nicht finden können“, sagte Forester, „entweder weil der Schnee nicht schmilzt oder aus irgendeinem anderen Grund, dann können wir bis zur Nacht dort bleiben, wo wir sind, und die Leute, die feststellen, dass wir nicht nach Hause kommen, wird für uns heraufschicken.“

„Und wie können sie uns finden?“ fragte Marco.

„Natürlich werden sie den Weg heraufkommen, und wir können nicht sehr weit vom Weg entfernt sein, denn wir haben ihn erst ein paar Minuten vor unserer Ankunft verloren. Natürlich werden sie diesem Ort sehr nahe kommen;- - und sie werden alle paar Minuten schreiend kommen, so laut sie können, und so werden wir sie hören.

„Ja", sagte Marco, „ich verstehe, das ist eine ziemlich gute Chance."

„Die dritte Chance für uns", sagte Forester, „besteht darin, in die erste Schlucht oder das erste Tal hinunterzugehen, das wir finden können, und dann werden wir wahrscheinlich an einen Bach kommen. Dann können wir dem Bach hinunter zum Fluss folgen."

„Woher weißt du, dass es zum Fluss geht?" fragte Marco.

„Das gilt natürlich für alle Gebirgsbäche", sagte Forester. „Sie steigen hinab, wo immer sie ein Tal oder eine Senke finden können, indem sie sich zusammenschließen und dabei Zweige aufnehmen, bis sie in das ebene Land gelangen, und dann fließen sie zum nächsten Fluss und so weiter Jetzt weiß ich, dass der Fluss eine Biegung um dieses Gebirgsgebiet macht und es fast umgibt, und alle Bäche von dort müssen in den Fluss münden, ohne sehr weit zu gehen. Wir könnten einem folgen, obwohl wir wahrscheinlich den Weg finden würden sehr rau und schwierig."

„Lass es uns versuchen", sagte Marco.

Dieser Plan wurde beschlossen, und als die Schneeböe vollständig vorüber war und die Sonne herausgekommen war, machten sich Marco und Forester auf den Weg, indem sie sich von dem großen Baum verabschiedeten und ihren Kurs an der Sonne orientierten Eine möglichst gerade Linie mit der Absicht, auf diese Weise weiterzugehen, bis sie zu einem Bach kommen würden, und dann dem Bach hinunter zum Fluss zu folgen. Der Plan ist vollkommen gelungen. Sie stiegen bald in ein Tal hinab, wo sie einen kleinen Bach fanden, der über ein Bett aus moosbedeckten Steinen floss. Sie folgten diesem Bach etwa eine Meile lang, als sie an eine Kreuzung zwischen dem Bach, dem sie folgten, und einem anderen kamen. Nach dieser Kreuzung war der Bach natürlich größer und an vielen Stellen hatten sie Schwierigkeiten, sich fortzubewegen. Der Weg war mit Büschen, Felsen und umgestürzten Bäumen verstopft, und an einer Stelle floss der Bach in einem schäumenden Strom durch den Boden eines tiefen Abgrunds, dessen Seiten direkt aus dem Wasser ragten. Hier mussten die Reisenden einen Weg in einiger Entfernung vom Bach finden, sich jedoch am Rauschen seines Rauschens orientieren. Nachdem sie den Abgrund passiert hatten, gelangten sie wieder zurück zum Bach.

Gegen ein Uhr kamen sie aufs offene Land und stellten zu ihrer großen Freude fest, dass sie sich ganz in der Nähe der Weide der Pferde befanden. Die Pferde waren alle bereit für sie, und Forester und Marco bestiegen sie sofort und machten sich auf den Heimweg.

Die Fahrt.

Es war sehr angenehm, nach all den Gefahren und Strapazen, denen sie ausgesetzt waren, entspannt zu Pferd weiterzureiten. Ein Teil der Straße, die sie einschlugen, verlief am Ufer des Flusses entlang. Marco hat diesen Teil der Fahrt wirklich sehr genossen.

Gegen Sonnenuntergang kamen sie mit einem ausgezeichneten Appetit auf das Abendessen zu Hause an. Marco berichtete seiner Tante Forester mit großer Begeisterung von seinen Abenteuern und sagte abschließend, dass er sich genauso gern im Wald verirren würde, wie nicht. Es hat Spaß gemacht.